中国特色乡村振兴研究丛书

主编/黄承伟 向德平

中国特色乡村建设

ZHONGGUO TESE
XIANGCUN JIANSHE

● 向德平 等/著

本书为中央高校基本科研业务费资助项目"中国特色反贫困理论研究"（2021WKFZZX012）、研究阐释党的十九届六中全会精神国家社科基金重大项目"伟大脱贫攻坚精神研究"（22ZDA091）阶段性成果

武汉出版社
WUHAN
PUBLISHING
HOUSE

（鄂）新登字08号

图书在版编目（CIP）数据

中国特色乡村建设 / 向德平等著. -- 武汉：武汉出版社，2024.12. --（中国特色乡村振兴研究丛书 / 黄承伟，向德平主编）. -- ISBN 978-7-5582-7215-8

Ⅰ.F320.3

中国国家版本馆CIP数据核字第2024K12R58号

中国特色乡村建设

著　　者：	向德平　等
责任编辑：	管一凡　柳　青
封面设计：	刘福珊
出　　版：	武汉出版社
社　　址：	武汉市江岸区兴业路136号　　邮　编：430014
电　　话：	（027）85606403　85600625
	http://www.whcbs.com　E-mail:whcbszbs@163.com
印　　刷：	湖北金港彩印有限公司　　经　销：新华书店
开　　本：	787 mm×1092 mm　1/16
印　　张：	15.75　　字　数：205千字
版　　次：	2024年12月第1版　2024年12月第1次印刷
定　　价：	78.00元

版权所有·翻印必究

如有质量问题，由本社负责调换。

目 录

第一章 乡村建设的历史脉络 ·········· 1
- 一、乡村建设的现实背景 ·········· 1
- 二、乡村建设的历史沿革 ·········· 5
- 三、乡村建设的理论视角 ·········· 16

第二章 乡村建设的科学内涵 ·········· 27
- 一、乡村建设的概念 ·········· 27
- 二、乡村建设的时代意义 ·········· 32
- 三、乡村建设的相关政策 ·········· 36
- 四、乡村建设的主要内涵 ·········· 41

第三章 乡村建设的思想源流 ·········· 58
- 一、乡村建设的思想渊源 ·········· 58
- 二、乡村建设学派的代表观点 ·········· 60
- 三、乡村建设学派的实践探索 ·········· 65
- 四、乡村建设学派的主要贡献与发展局限 ·········· 71
- 五、乡村建设学派的理论与实践对当前乡村建设行动的启示 ·········· 76

第四章 乡村建设的原则 ·········· 81
- 一、尊重规律、稳扎稳打 ·········· 81

二、因地制宜、分类指导 ··· 88
　　三、注重保护、体现特色 ··· 94
　　四、政府引导、农民参与 ·· 101
　　五、建管并重、长效利用 ·· 107
　　六、节约资源、绿色建设 ·· 114

第五章　加强乡村基础设施建设 ·· 120
　　一、加强乡村基础设施建设的意义 ···································· 120
　　二、乡村基础设施建设面临的挑战 ···································· 128
　　三、乡村基础设施建设的主要任务 ···································· 135
　　四、加强乡村基础设施建设的措施 ···································· 142

第六章　夯实和美乡村建设的基础 ·· 151
　　一、夯实和美乡村建设基础的有效路径 ······························ 151
　　二、提高农村基本公共服务水平 ······································· 155
　　三、加强农村基层组织建设 ··· 167
　　四、推进农村精神文明建设 ··· 178

第七章　构建乡村建设行动的推进机制 ···································· 185
　　一、乡村建设行动的推进现状 ·· 185
　　二、乡村建设行动的推进机制分析 ···································· 190
　　三、推进乡村建设行动的战略路径 ···································· 203

第八章　乡村建设的政策支持与要素保障 ································· 211
　　一、乡村建设的投入保障 ·· 211
　　二、乡村建设的金融支持 ·· 219
　　三、乡村建设的社会力量参与 ·· 224
　　四、乡村建设行动的政策支持 ·· 227

第九章　乡村建设的典型案例：四川省乐山市乡村建设的实践 ······ 230
　　一、乐山市实施乡村建设行动的背景 ································· 230
　　二、乐山市实施乡村建设行动的实践举措 ·························· 231

三、乐山市实施乡村建设行动的总体成效……………………………240
四、乐山市乡村建设行动的特色经验……………………………244
五、推进乐山市乡村建设行动的政策建议…………………………245

第一章
乡村建设的历史脉络

中国自古以来就是农业大国，存在各种类型的乡村和巨量的农民人口。乡村是具有自然、社会、经济、文化等特征的地域综合体，兼具生产、生活、生态、文化等多重功能，是广大农民群体主要的活动空间和实践场所，是国家治理的基本单元，也是社会发展的重要根基，具有重要的经济社会价值和治理功能。对于拥有广袤乡村地域的国家而言，乡村兴则国家兴，乡村衰则国家衰，乡村的发展状态是一个国家繁荣兴衰的观察窗口和指示仪表，反映着国家的综合实力。中国的乡村建设有着漫长悠久的历史，中国共产党在积极应对各种内外部机遇和挑战的同时，探索出了适宜的乡村发展道路，形成了独具特色的乡村建设实践与经验。

一、乡村建设的现实背景

在过去很长时期内，乡村都是我国国家治理和社会发展的短板，各种治理体系和管理机制仍不完善，存在较多的困难弱势人口，发展基础还不稳固，乡村地区经济社会发展状况远远落后城市地区，农民的生活水平也落后于城市居民，在现代化进程中面临着多种风险与挑战。在此背景下，继续开展乡村建设，具有重要的时代意义和社会功能。

(一)乡村发展面临困境

在发达国家的工业化和城市化进程中,大量乡村人口从乡村走向城市、从农业向工业和服务业转移,这也是多数发展中国家的必经之路,中国也不例外。工业化和城镇化在增加社会财富、提高社会福利水平的同时,也带来了城市的"膨胀症"和农村的"凋敝症"。[1] 留在乡村的多为劳动能力弱、教育程度不高、生产技能水平低的老妇幼群体,依靠农业生产维持基本生活。农业生产是一种劳动密集型活动,需要投入大量的劳动力,但随着村庄的空心化和老龄化,农民家里的土地无人种植,出现农地荒置现象,长此以往导致土地生产能力下降和土地资源浪费。而且,由于农业生产技术和生产条件的限制,农业生产的经济价值处于较低水平,难以维持整个农民家庭的日常开支,这又促使乡村青壮年劳动力前往城市寻找就业机会。与此同时,乡村的道德秩序、社会规范、文化价值等约束机制伴随着乡村的变迁逐渐衰弱,乡土中的人情和道义也被理性的功利主义和消费主义所挤压和削弱。优秀的乡村传统文化缺乏传承和保护的社会主体和物质载体,以及继承和延续的文化氛围和社会根基,缺少创新和转变的新型展现形式,在村庄的变迁中逐渐衰落与消失。[2] 乡村正处于传统与现代的撕裂、农耕文明与工业文明的冲突这一快速变动过程,在外部冲击与内部张力的作用下,产生了一系列的连锁反应,面临着多重发展困境和结构性约束。

近年来,随着脱贫攻坚战取得全面胜利,我国现行标准下农村贫困人口全部脱贫,贫困村全部出列,困扰我国千百年的农村绝对

---

[1] 张强、张怀超、刘占芳:《乡村振兴:从衰落走向复兴的战略选择》,《经济与管理》2018年第1期。
[2] 姜德波、彭程:《城市化进程中的乡村衰落现象:成因及治理——"乡村振兴战略"实施视角的分析》,《南京审计大学学报》2018年第1期。

贫困问题得到解决。诚然,仍有部分乡村的发展基础不牢固、治理体系不完善、基础设施有待提升、乡土人才外流,乡村发展面临着多样化的风险和挑战,乡村如何建设是当前亟须解决和应对的难题。

(二)城乡发展不均衡

我国城乡发展不均衡是历史、制度、市场等因素综合影响的结果,这导致乡村发展长期落后于城市,并产生巨大的难以弥合的发展鸿沟,表现出深层次、结构性、长期性等特征。在区域发展历程中,城市地区的发展时间、发展速度、发展质量和发展效能等与乡村地区呈现出巨大差异。城市发展越快,越能对周边的资本、人才与其他要素产生"虹吸效应",隐性地占有、控制、吸纳了乡村的发展基础和空间,将乡村的资源优势转化为城市的发展动能。乡村资源长期向城市的单向流动和聚集,导致土地、劳动力、资本等多重剪刀差结构,强化了农村和农业的弱势特征,形成了城乡区域非均衡的发展格局,这也是城乡发展差距逐渐拉大的根本原因和内在机制。城乡发展不均衡体现在城乡地区在城市化、工业化、信息化和农业现代化的层次差异上,具体表现为基础设施建设、基本公共服务、居民经济收入、就业市场需求等方面的明显差距。这种城乡发展不均衡情形的加剧或强化,动摇了乡村的发展根基,严重冲击着乡村的各项事业和发展前景,破坏了基层治理体系和秩序规范,引发乡村的老龄化和空心化,导致乡村经济社会发展失去活力。基于此,开展乡村建设具有重要的时代使命和历史重任,应因地制宜编制乡村发展规划,打造乡村特色产业,重建乡村道德秩序与文化环境,促进城乡地区的资源合理配置和要素合理流动,使城乡之间建立紧密的联结和共享机制,推动乡村地区实现全面、协调、可持续的绿色发展。

（三）实现共同富裕的必然要求

实现全体人民共同富裕是社会主义的本质要求和基本特征。长期以来，受到多种因素的影响，城乡、区域、群体之间的发展差距逐渐增大，引发贫富差距、阶层固化、资源剥夺、社会排斥等社会问题，导致部分群体出现不公平的心理感受和负面情绪。而实现共同富裕，就是为了解决那些生存性与发展性问题，打造人人参与的社会环境，增强人民群众的安全感、获得感和幸福感，从而促进个体的全面发展和社会的有序运行。共同富裕是全体人民共同富裕、共享发展成果、共同过上幸福美好的生活[1]，强调个体的物质生活和精神生活都富足，兼顾发展较快的城市地区和相对落后的乡村地区，注重对困难弱势群体的照顾和支持，使全体人民共享发展的成果，共同参与国家的建设发展。诚然，实现共同富裕不是一蹴而就的任务目标，而是具有长期性、艰巨性和复杂性等多维特征，尤其对于农村地区而言更为困难。在广大农村地区，仍然存在较多的低收入困难群体、弱势群体，公共服务资源较为短缺，个体发展机会比较有限，基层自治能力和民主协商不足，生态环境保护短板突出，医疗、养老、就业等条件落后，农民群体的身心健康发展受到明显限制和影响。因此，农村地区、农民群体是实现共同富裕的关键区域和薄弱环节，只有将农村建设好、发展好，才能缩小城乡间的贫富差距，增加农村的发展机会，持续提升和改善农民的生活水平。

（四）建设现代化强国的战略选择

改革开放以来，我国经济社会迅猛发展，逐渐从传统的"乡土中国"过渡到现代化的工业国家。当今世界正处于"百年未有之大

---

[1] 刘培林、钱滔、黄先海、董雪兵：《共同富裕的内涵、实现路径与测度方法》，《管理世界》2021年第8期。

变局",我国正在经历推进和实现中华民族伟大复兴的关键历史节点。我国在总结社会主义现代化建设的经验基础上,着眼于中国特色社会主义进入新时代的历史背景,部署了新时代强国梦的实现路线图,制定了详细的行动纲领和规划,为实现现代化指明了前进方向和道路。党的二十大报告提出,全面建成社会主义现代化强国,总的战略安排是分两步走:从2020年到2035年基本实现社会主义现代化;从2035年到本世纪中叶把我国建设成富强民主文明和谐美丽的社会主义现代化强国。建设现代化强国并非单一强调建造高楼林立的城市景观,也需要营造生态宜居的和美农村,打造现代化的农村产业基础,使得乡村与城市同样呈现出繁荣活力的面貌。只有更加明确乡村在国家现代化建设中的功能和定位,准确把握乡村建设的发展方向和未来趋势,方能使乡村在建设现代化强国的宏伟征程中焕发新的生机与活力。然而,由于历史发展和资源禀赋等差异,农村地区长期以来都是国家发展和社会治理的短板,农业在国内生产总值中的比重也在降低,但农业和农村的基础性和重要性并未减退。在新时代背景下,乡村建设不仅要完善基础设施和优化基本公共服务,还要打造特色的产业项目和文化活动,多措并举激活农村的发展潜力和内生动力,不断吸引人才回流,有序引导返乡群体就业创业,打造良好的发展平台和行动空间,为建设现代化强国奠定坚实基础。

二、乡村建设的历史沿革

我国的乡村建设在特定的时代背景下拉开序幕,经由20世纪二三十年代社会各类知识分子和地方士绅发起乡村建设运动,到在中国共产党的领导下有序推进,呈现出阶段性的实践特征,取得了丰富的建设成效，留下了宝贵的经验财富。通过梳理乡村建设的历史沿革，我们能够更清晰地把握乡村建设的演进历程，为推进新时代的乡村建设探索理论经验和实践路径。

(一)肇始：20世纪二三十年代的乡村建设

乡村建设运动最早可以追溯到清末民初时期。河北定县的乡绅米春明和其子米迪刚于1904年开展"翟城实验"，倡导农村整理和组织规划，发展村庄经济，创办合作社，设立义仓，改善乡村卫生；兴办乡村教育，以村为单位筹措教育经费，用于家境贫寒的村民子女接受教育，历经12年，使得翟城成为远近闻名的村治模范村。1917年以后，阎锡山汲取"翟城实验"的经验，将孙中山的"三民主义"和乡村建设构想结合起来，在山西完善乡村组织，发展乡村教育，引导辖区范围内的老百姓走向富裕之路。20世纪20年代，陶行知、黄炎培等人提倡办学，期望通过发展乡村教育实现改造中国的目的。20世纪20年代末30年代初，以梁漱溟、晏阳初、卢作孚等为代表的一批乡绅和知识分子率先推动乡村建设运动，形成了多种理论与实践探索的乡村建设模式，具有代表性的是"邹平模式""定县模式"和"北碚模式"等，这些乡村建设模式虽然内容各异，但目标一致，旨在通过乡村重建和发展寻求救亡图存、民族复兴的道路。[①]据南京国民政府实业部的调查，当时全国约有600多个从事乡村建设的工作团体和机构，先后设立了1000多处各类实验区[②]，乡村建设运动在全国如火如荼地开展起来，蔚为壮观。

梁漱溟在山东邹平建立了由学董、学长、教员和学众等人组成

[①] 郭海霞、王景新：《中国乡村建设的百年历程及其历史逻辑——基于国家和社会的关系视角》，《湖南农业大学学报（社会科学版）》2014年第2期。
[②] 郑大华：《民国乡村建设运动》，社会科学文献出版社，2000，第456页。

的村学乡学，以重建农村的社会组织。1931年6月15日，山东乡村建设研究院正式成立，主要工作目标是研究乡村建设问题、培训乡村建设干部和指导吸收青年从事乡村工作等，与之对应地打造了乡村建设研究部、乡村服务人员训练部和乡村建设试验区。梁漱溟的乡村建设实践以村学乡学为组织保障，以乡村规约为精神支柱，重在提升农民自组织能力，重塑乡村社会结构，恢复乡村社会秩序。但由于抗日战争的全面爆发，梁漱溟的乡村建设实践未能长期维持。

1926年，晏阳初认识到"中国之生死，在于民族之再造"，逐渐将平民教育从城市转向农村，选取河北定县作为华北乡村改造实验区的中心，提出"平民教育"。首先组建人才队伍，成立平民教育总会。在晏阳初的感召下，数百位知识精英参与定县的乡建事业，其中包括许多留学归国的硕士、博士，启动了轰轰烈烈的乡村建设"定县实验"。其次，开展实地调查。平教总会于1928年6月设立社会调查部，聘请燕京大学李景汉教授为总负责人，开启了中国历史上第一次大规模的农村社会调查，初步调查了定县的历史、地理、赋税、风俗等，以及平教总会划定的62个村庄的教育、娱乐、宗教、经济、生活等情况。根据调查结果，晏阳初和平教总会将中国农村的落后根源归结为"愚、穷、弱、私"等四大问题，并提出通过四大教育来解决前述问题，推动乡村建设。具体而言，期望用文艺教育、生计教育、卫生教育、公民教育来提升农民的知识力、生产力、强健力和团结力。平教总会在定县开展乡建事业持续11年时间，在全国引起广泛影响，为乡村建设改造运动提供了生动的实践经验。

卢作孚1925年创建了民生实业公司，1927年在以重庆北碚为中心的嘉陵江三峡乡村开展建设实验，他认为中国现代化的基础在于乡村现代化，并从城乡关系的角度思考中国的发展问题。在乡村建设初期，卢作孚就提出全面现代化的理念，从经济、文化教育、社会、环境、自治等方面进行建设和改革。卢作孚的乡建理念以经济建设为中心，致力于开拓实业，大力发展交通运输，开展采煤、纺织、染织等多种乡村产业，建立农村银行和农村信用合作社，引入乡村金融服务，为农民提供生产资金，引导农民发展生产。这种乡建模式持续时间最长、成果最大，产生了广泛的经济社会影响。1937年抗日战争全面爆发后，全国的乡村建设运动被迫中止，只有中华平民教育促进会的晏阳初坚持不懈，撤退到抗战的大后方，以重庆璧山为中心，建立了华西实验区，开展了长达10年的平民教育和乡村建设实验，直接影响了后来台湾地区的土地改革，以及菲律宾、加纳、哥伦比亚等国的乡村改造运动。[1]

这些乡村建设实践旨在通过重建和发展乡村，寻找救亡图存和民族振兴的道路，拉开了乡村建设运动的序幕，喊出了乡村建设的口号，具有鲜明的时代特色。知识分子主导推动的乡村建设，是一种小范围的乡村建设实践，偏重于对乡村的文化教育，缺乏底层群众的广泛支持，尚未触及农村的经济社会结构，因而效果不太明显。受到政治、经济、社会等因素影响，乡建运动的延续性弱，影响范围有限，带动作用不强。

中国共产党在新民主主义革命时期，广泛动员基层群众，坚持以革命手段推翻旧统治，破除持续千百年的封建土地关系，通过建立革命根据地的方式扎根农村，持续巩固革命成果。中国共产党推行"耕者有其田"政策，减租减息，进行土地改革，保障了广大农民的根本利益，争取了农民的信任、支持和拥护。在对国情作出正

---

[1] 李善峰：《民国乡村建设实验的"邹平方案"》，《山东社会科学》2020年第12期。

确政治判断的基础上，中国共产党走出了一条农村包围城市、武装夺取政权的革命道路，探索建立了井冈山等革命根据地，开展了乡村改造的延安实践，取得了巨大的成功，带领延安农民反抗压迫，开展乡村建设实践，开辟了独具特色又符合中国实际的乡村改造之路。

（二）推进：新中国成立后的乡村建设

在新中国成立前，继东北、华北等老解放区基本完成土地改革，消灭了封建剥削制度之后，中国共产党在华东、中南、西南、西北等新解放区开展了土地改革运动。新中国成立后，党的工作重心从"革命"转变到"建设"上，乡村建设的任务也随之由"革命"和"改造"转变到"建设"的轨道上来。[①] 1950年6月28日，中央人民政府颁布《中华人民共和国土地改革法》，明确废除地主阶级封建剥削的土地所有制，实行农民的土地所有制。在中国共产党的领导下，全国范围内开展了土地改革，废除封建土地所有制，确立了人民政权的经济基础，实现了"耕者有其田"，使农民分到了属于自己的土地，提高了农民的生产积极性，也促进了农村经济的恢复和发展。新中国的土地改革有效调整了生产关系，解放了社会生产力，到1952年底，全国除一部分少数民族地区及台湾省外，土地改革基本完成。

然而，这种农户个体生产经营的小农经济，劳动效率较低，农民只能以此解决温饱问题，还要面对自然灾害等不确定风险，难以实现稳定增收和致富。基于此，中国共产党通过开展农业合作化运动，将农民"组织起来"，走集体化道路。农业合作化运动初期主

[①] 唐任伍、唐堂、李楚翘：《中国共产党成立100年来乡村发展的演进进程、理论逻辑与实践价值》，《改革》2021年第6期。

要是发展生产互助组,1953年9月以后,主要是发展农业生产合作社,进行大规模的经济建设。1953年10月,中共中央作出对粮食实行统购统销的决定,随后实行油料统购和食油统销。1954年又实行棉花统购和棉布统购统销。1955年7月后,农业合作化达到高潮,到1956年底,农业合作化基本完成。

农业社会主义改造完成后,农村建立起社会主义集体所有制经济,农民彻底摆脱了土地私有制的束缚,走上了合作发展的道路。农业合作社办了很多个体农民无法完成的事务,显示出集体组织的力量。广大农村兴建了大量的农田水利设施,逐步提高了农业生产的机械化程度,显著改善了农业生产的条件,为乡村建设提供了重要的物质基础。

1958年4月,河南省遂平县成立了全国第一个人民公社"嵖岈山卫星人民公社",随后全国各地迅速建立起人民公社。

人民公社时期,农村公共物品供给达到新的历史高度,农村教育得到普及,农村合作医疗、社会福利也得到保障,兴修了大量的农业基础设施,粮食的产量得以提高,为农业生产奠定了良好的基础。在农业的积累下,国家逐渐建立了工业发展的基础。然而,随着时间的推移,人民公社暴露出很多问题,在这种过于集中的管理体制下,高度的劳动平均分配主义,导致社员的生产积极性越来越低,出现"干与不干一个样,干多干少一个样"的现象,粮食的产量也越来越少,许多农民的温饱问题仍未解决,农民的生产积极性和主动性逐渐减弱,农业生产的质量和效率随之降低,严重制约了农村的生产力,阻碍了乡村建设的进程。

(三)调整:改革开放以来的乡村建设

为了寻找与农业生产相适应的组织形式和发展路径,1978年11

月 24 日晚，安徽凤阳小岗村 18 位农民在一张"生死状"上按下红手印，率先探索实行分田包产到户，自负盈亏，农民的生产积极性得到明显提升。1979 年，小岗村的粮食产量达到 13 万斤，是过去的 5 倍，获得了大丰收，农民的人均收入达到 350 元，是过去的 16 倍，极大地激活了农村的发展动力。小岗村分田到户的行动取得成功后，全国范围内掀起学习"小岗精神"的热潮，轰轰烈烈地开展了农村改革。1982—1984 年，中央连续 3 个一号文件把以包干到户和包产到户为主要形式的家庭联产承包责任制推行到全国农村，由此启动了新的中国农村改革。在坚持土地公有制的前提下，分田到户实质上转变了传统经营方式。以农民家庭为单位，向集体经济组织（村、组等）承包土地等生产资料，这种农业生产责任制形式，增加了农民的农产品留存，推动了多种农业经营形式的出现，促进了农村的经济社会发展。

我国农村地区建立以家庭联产承包经营为基础、统分结合的双层经营体制，积极推行"包产到户、包干到户"，极大地调动了广大农民的生产积极性和主动性，农村剩余劳动力逐渐从土地上解放出来进入非农部门，农产品生产逐渐由总量不足转向结构性矛盾，缓解了产品供给不足的问题。随着社会主义市场经济的深入发展，广大农户成为独立生产经营的决策主体，通过扩大经济作物的种植面积，逐渐增加市场供给，不断满足社会需求。改革开放以后，国家取消了统购统销制度，推进农产品流通方式向市场化机制转变，农户的自主经营权逐渐增强，农业生产结构也得到优化和调整。值得注意的是，家庭联产承包责任制虽然极大地解放了农民的生产力，但也存在个体农户生产经营规模小、生产技术较为落后、农业生产效益差、与消费市场对接困难等问题。

改革开放以后，农民经济基础和资本积累的形式变得多样化。

一方面,随着农业生产技术的更新、种植作物品种的改善、农民生产动力的增加,农民从土地生产获得的经济回报较以往更多,积累了更多的经济财富。另一方面,改革开放以后,我国初步建立起社会主义市场经济体制,东南沿海地区的经济迅猛发展,加工制造业和城市建设稳步推进,创造了大量的就业岗位和劳动机会。中西部地区的农民前往东南沿海地区务工,获得劳动报酬,再将这些收入带回农村,用于建房、修路、种地、子女教育等各项家庭支出或村庄的公共事业。在这个阶段,农村出现了一股建房热潮,农民利用农业生产或外出务工的收益建设农房,改善居住环境和生活条件,以解决居住面积短缺、家庭生活拥挤、农房住宅破旧等现实问题,但由于当时审批不严、监管不到位、规范不明确等原因,出现了占用耕地、村庄布局混乱等问题。

为规范农村房屋建设,中央成立了乡村建设管理局,指导和协调全国农村房屋建设工作。1979年底,原国家建委、农委等部门在青岛联合召开了新中国成立以来第一次全国农村房屋建设工作会议,确定了农房建设方针,并设立农村房屋建设办公室,引导农村建房规范运作。1981年底,第二次全国农村房屋建设工作会议在北京召开,会议提出对各个村庄和集镇进行综合规划和综合建设。1984年11月,城乡建设环境保护部在北京召开全国村镇建设经验交流会,会议明确提出国家"七五"计划时期"以集镇建设为重点,带动整个村镇建设"的工作方针。此后,小城镇建设发展壮大,城镇区域面积不断扩大。从1982年开始,国家在财政预算中把村镇规划建设事业费列为专项支出,逐年拨款,直到1987年,中央财政拨款1.3亿元,地方财政拨专款1.24亿元,用于支持村镇规划编制工作。到1985年底,全国共培训村镇规划初级人才50万人次,初步形成了一支村镇建设的人才队伍。截至1986年底,全国约有3.3万个小城镇和 280 万个村庄编制了初步规划。1993 年，国务院发布《村庄和集镇规划建设管理条例》，1997 年，原建设部发布《1997 年村镇建设工作要点》和《村镇规划编制办法》，使得乡村建设有法可依。至此，我国的乡村建设逐渐走上有引导、有规划、有步骤、有保障的发展新阶段，乡村建设的管理体系和制度设计更为完善，理论架构和研究方式也更为丰富和系统。

（四）优化：21 世纪以来的乡村建设

进入 21 世纪，我国开始进行农村税费改革试点工作，通过实施"三取消、两调整、一改革"的措施，建立了以规范、稳定的农业税及其附加和"一事一议"筹资筹劳为基本框架的农村赋税制度，改变了长期以来农民税费负担过重的局面，进一步理顺了农村分配关系。2006 年 1 月 1 日起，我国正式废止《中华人民共和国农业税条例》。在全国范围内彻底取消农业税，从根本上解决了农民负担过重的问题，终结了延续两千多年的"皇粮国税"制度，实现了城乡税制统一和税负公平，有效缓解了因征税事务所引发的干群矛盾，促进了农村社会和谐发展。农村税费改革有效促进了建立覆盖城乡的公共财政制度，强化了政府在农村教育、公共卫生、基础设施建设、文化服务等方面的责任，构建起新的公共产品供给和服务体系。此外，农村税费减免，降低了农民的生产经营成本，提升了农业经营效益，增加了农民的经济收入，为乡村建设奠定了重要的经济基础。税费改革后全国农民每年减轻负担约 1250 亿元，人均减负 140 元左右。不仅如此，国家逐渐向基层农村投入越来越多的资源和项目，带动农村地区发展，对农业生产给予各种补贴，降低了农民的生产成本，提高了农民的生产积极性。

新世纪以来，中央和地方更加重视乡村建设，原国家环境保护总局和原建设部于2002年联合印发了《小城镇环境规划编制导则（试行）》，各地开展的村庄环境整治工作稳步推进。2003年6月，浙江省启动了"千村示范、万村整治"工程，在全省选择1万个左右的行政村进行全面整治，将其中1000个左右的中心村建设成全面小康示范村。到2007年，浙江全省10303个建制村得到整治，其中1181个建制村建设成为"全面小康示范村"。以农村人居环境整治为核心的"千万工程"实施后，浙江省农村的生产生活条件、基础设施、生态环境、公共服务、集体经济等得到明显改善，广大农村地区的整体面貌焕然一新，"千万工程"也成为浙江乡村建设的一张亮丽名片。

2005年10月，党的十六届五中全会通过了《中共中央关于制定国民经济和社会发展第十一个五年规划的建议》，提出按照"生产发展、生活宽裕、乡风文明、村容整洁、管理民主"的要求，扎实稳步推进新农村建设。2006年2月，《中共中央 国务院关于推进社会主义新农村建设的若干意见》发布，文件指出，建设社会主义新农村是我国现代化进程中的重大历史任务，只有发展好农村经济，建设好农民的家园，让农民过上宽裕的生活，才能保障全体人民共享经济社会发展成果，才能不断扩大内需和促进国民经济持续发展。2007年10月，党的十七大报告提出"统筹城乡发展，推进社会主义新农村建设"的总体思路。2008年10月，党的十七届三中全会通过《中共中央关于推进农村改革发展若干重大问题的决定》，明确提出了新形势下推进农村改革发展的指导思想、目标任务、重大原则，提出加强农村制度建设、积极发展现代农业、加快发展农村公共事业的"三大部署"，着力破除城乡二元结构，打造城乡经济社会发展一体化新格局，促进农村和城市良性互动、协调发展。

2012年11月，党的十八大首次提出"坚持走中国特色新型工业化、信息化、城镇化、农业现代化道路"。2013年12月，中央城镇化工作会议在北京召开，强调要以人为本、优化布局、坚持生态文明、传承文化，不断推进以人为核心的城镇化，稳步推进农业转移人口市民化，促进城乡统筹和可持续发展，提高城镇化发展质量。

2013年11月，习近平总书记在湖南湘西十八洞村考察时作出"实事求是、因地制宜、分类指导、精准扶贫"的重要指示，首次提出"精准扶贫"重要理念。精准扶贫主要包括精准识别、精准管理、精准帮扶、精准退出，坚持分类施策，因人因地施策，因贫困原因施策，因贫困类型施策，通过扶持生产和就业发展一批，通过易地搬迁安置一批，通过生态保护脱贫一批，通过教育扶贫脱贫一批，通过低保政策兜底一批，全面动员社会各界广泛参与，汇聚脱贫攻坚的强大合力。精准扶贫与以往粗放式扶贫不同，采取"精准滴灌"的治贫方式，更加强调对贫困对象"问诊把脉、对症下药"，聚焦个体农户和村庄的实际情况，深度剖析致贫因素，制定针对性的帮扶措施，为贫困对象链接所需的发展资源，探寻贫困区域的可持续发展之路。通过精准扶贫，国家将大量的资源和项目投入农村贫困地区，改善农村贫困地区和农村贫困人口的生产生活条件，完善路、水、电、网等农村公共基础设施，保障农村贫困人口的基本生活。

乡村建设不仅要保障贫困人口的基本生活和促进贫困人口的自主发展，更要实现乡村的全面提升和优化，因而需要更加持续性的政策支持和制度保障。2017年10月，习近平总书记在党的十九大报告中提出实施乡村振兴战略，强调要坚持农业农村优先发展，按照产业兴旺、生态宜居、乡风文明、治理有效、生活富裕的总要求，建立健全城乡融合发展体制机制和政策体系，加快推进农业农村现代化。此后，为了实现农村生态宜居的目标，我国相继出台了《农村人居环境整治三年行动方案》《农村人居环境整治村庄清洁行动方案》《关于推进农村"厕所革命"专项行动的指导意见》等政策文件，指导农村人居环境整治工作。这些政策的贯彻落实，使农村人居环境和农村生产生活条件进一步改善，农村环境治理问题得到缓解，乡村治理体系得以完善。

2020年10月，党的十九届五中全会提出实施乡村建设行动，深化农村改革，实现巩固拓展脱贫攻坚成果同乡村振兴有效衔接。2022年5月，中共中央办公厅、国务院办公厅印发了《乡村建设行动实施方案》，明确指出乡村建设的总体要求、重点任务和推进机制，强调以普惠性、基础性、兜底性民生建设为重点，加强农村基础设施和公共服务体系建设，努力让农村具备更好生活条件，建设宜居宜业美丽乡村。

三、乡村建设的理论视角

我国乡村建设历程蕴含着深厚的理论逻辑，显示出乡村建设行动主体的现实关怀和实践指向，阐释着乡村建设过程中的主体互动与要素交流，指明了乡村建设的理想方向和价值追求。在一代又一代乡村建设者的实践行动中，乡村建设的理论体系因基层实践的丰富多元而不断优化和完善。在乡村建设的历史轨迹中，乡村建设理论始终扮演着行动指南的角色，分析、处理乡村建设实践中的问题与阻碍，将乡村建设推向更高的发展水平。

（一）"国家—乡村"的互动论视角

古代中国社会的权力体系和管理制度是典型的金字塔式结构，

皇权位于塔顶,"普天之下莫非王土"。在大一统时期,皇权由中央向地方延伸,直到县级层面,县一级拥有稳定的行政权力,而县之下多属乡官或职役性质,一般承担赋税、治安等管理功能。这种政治制度在学术界被提炼为"皇权不下县"的概念,认为县级之下有其传统的自治系统和基层管理模式,国家并不直接与农民进行对话和互动,也不直接介入乡村的多数活动,这种模式在小农经济时期得以延续数千年,极大地分担了国家基层治理的成本和压力。新中国成立后,我国通过人民公社体制将国家政权直接深入乡村社会,通过强有力的政治力量,从制度层面强化了对乡村社会的整合与管理,乡村直接处于国家政权的严密控制之中,表现为"政社合一"的全能主义模式,凸显出国家的"在场",建立了国家与农民之间前所未有的紧密联系。[1]1980年以后,我国开始用村民自治的模式实现民主理念,表现为"乡政村治"的放权型模式,即国家基层政权设立在乡镇,在乡镇以下的村实行村民自治。[2]"乡政村治"治理模式更加强调农村的自治与农民的主体性,国家从制度文本层面"退出"乡村公共场域,将农村治理权让位于农民的自主管理,虽然国家有时部分缺位,但并未从农村治理场域中彻底"退场"或"离场",而是通过乡政对农村继续施加影响和控制,实现对基层农村的有效治理。

在传统的基层治理中,国家通常从乡村汲取资源,积累财政收入,这给农民和农村带来巨大负担,增加了基层行政资源的消耗和浪费。进入21世纪后,我国通过税费改革重新调整国家、农村集体

---

[1] 王立胜:《人民公社化运动与中国农村社会基础再造》,《中共党史研究》2007年第3期。

[2] 刘涛、王震:《中国乡村治理中"国家—社会"的研究路径——新时期国家介入乡村治理的必要性分析》,《中国农村观察》2007年第5期。

与个人间的利益关系。在2006年正式取消农业税后，国家与农村的互动方式发生了从"取"到"予"的转变。国家通过实施以城带乡、以工补农的策略，对农村进行持续性大规模的财政转移支付，以提高农村发展水平和农民生活质量。在国家主导乡村治理的过程中，伴随着国家"资源下乡"，国家的意志在各种项目和政策中得以显现，委派基层代理人到"前台"直面农村和农民，执行各项农业农村政策，不断强化基层农村治理。

尤其是2013年精准扶贫开展以来，国家与农村展开了更为密切和频繁的互动，国家在农村的形象更加真实、清晰和直观。我国以前所未有的资源整合力度，向贫困农村投入大量的资源、项目、人力等，通过发展地方特色产业、改造农村住房、易地扶贫搬迁、完善水电路网基础设施等方式，改善农民的生产生活条件，发展农村集体经济，提升农村的基础设施条件。国家不仅从硬件层面建设农村，而且自上而下推动农村移风易俗，弘扬中华优秀传统文化，传递先进的价值观念，从精神文化层面改造农村，建设适应国家发展战略需求的现代化农村。此时，国家对农村的治理是全方位、深层次且长期性的，制定了清晰的农村建设规划，直接或间接主导乡村建设，引领乡村发展的方向，有部署、有规划、有步骤地开展建设行动，借助根植乡土的社会网络资源和道德情感，发挥基层党组织作用，实现乡村建设的任务目标。

在脱贫攻坚阶段，国家政策主要是使贫困地区摆脱绝对贫困状态，获得自主发展的能力和资源。这一任务目标在脱贫攻坚战取得胜利后得以实现。实施乡村振兴战略后，我国不断优化对农村的政策设计和行动规划，以更为普惠性的发展政策，兼顾差异化的农村现实，扩大政策资源的覆盖面和受益群体，使更多农村和农民接受同等水平的公共服务和福利资源，将政策实惠切实带到基层，以实现共同富裕的奋斗目标。在建设数字中国战略背景下，2021年7月，中央网信办秘书局、农业农村部办公厅、国家发展改革委办公厅等部门联合发布《数字乡村建设指南1.0》，将农村纳入国家数字建设体系，以此持续巩固拓展网络帮扶的成果，补齐农业农村现代化发展短板，提高农村的数字化水平，增强农村的综合治理能力，打造数字化、信息化、智能化、技术化的现代化新农村。

乡村是国家基层治理的基石，是国家治理体系的末梢，影响着国家治理的绩效。我国将乡村建设视为国家治理的重要内容，通过政策制定、资源下沉、项目落地、人员下乡等方式，完善和优化乡村的基础设施和公共服务，最终促进国家治理体系和治理能力的现代化。

从"国家—乡村"的互动视角梳理乡村建设的必然性与可行性，可以把握和理解国家与乡村之间的互动方式和互动内容，了解我国乡村建设的历史进程。自新中国成立后，我国政府就一直以显在或潜在的角色主导乡村建设的过程，设定了乡村建设的方向和目标，并将大量资源注入乡村，引领乡村发展，产生了多维度的溢出效应。以此视角观之，国家和乡村的动态关系图谱也更为明晰，乡村政策设计和项目引进也更有目标性，乡村主体的内生动力也能得到有效激活。

（二）乡村建设的主体视角

乡村建设是一项复杂的系统工程，依赖于多元主体之间的协同合作和共同发力。由于乡村社会的发展变迁、国家基层治理的目标定位、乡村建设的阶段性任务不同，我国参与乡村建设的主体经历了多次更迭和转变。值得注意的是，政府作为乡村建设的关键主体，不论在任何时期，总是以直接或间接的"在场"方式影响着乡村建设。但在不同历史阶段，政府参与乡村建设的方式与策略具有明显差异性。

首先是帝制时期的"乡绅自治"。帝制时期，传统国家的行政能力主要限于城市，县以下地区为国家权力的"真空地带"，对乡村社会的统治以乡绅阶层为纽带间接实现。[1] 乡绅作为帝制时期连接国家与社会的重要主体，一般在民众中享有良好的口碑和威望。[2] 乡绅的主要工作既包括参与乡村规划、建设，还尽力维护本乡利益，承担着开展公益事业、排解乡里纠纷的社会责任。[3] 费正清在《剑桥中国晚清史（1800—1911）》中写道："在地方上，当地的小绅士，以及有时也可能出现的大绅士，他们左右着众多的事情。他们共同主管各种公共事务，如修桥梁，设津渡，建围墙和寺庙，筹措学校和书院的费用，发起和印刷地方志，参与地方的祭祀和祭孔活动。"[4] 乡绅作为国家权力在基层的延伸，是解决乡村社会问题、缓解乡村社会矛盾的关键主体，是乡村建设的重要推动者。

20世纪二三十年代，晏阳初提出的"平民教育—乡村科学化"模式、梁漱溟提出的"文化复兴—乡村学校化"模式以及卢作孚提出的"实业民生—乡村现代化"模式等为乡村建设提供了重要经验。[5]

其次是中华人民共和国成立至改革开放时期的政府主导。中华

---

[1] 钟兴菊：《走向"第三领域"：乡绅阶层之于乡村自治的探讨》，《天津行政学院学报》2013年第1期。
[2] 钱念孙：《乡贤文化为什么与我们渐行渐远》，《学术界》2016年第3期。
[3] 王伟强、丁国胜：《中国乡村建设实验演变及其特征考察》，《城市规划学刊》2010年第2期。
[4] [美]费正清编《剑桥中国晚清史（1800—1911）》上，中国社会科学院历史研究所编译室译，中国社会科学出版社，1985，第15页。
[5] 张秉福：《民国时期三大乡村建设模式：比较与借鉴》，《新疆社会科学》2006年第2期。

人民共和国成立以后，中国共产党在农村建设方面进行了一系列的探索，主要包括进行土地改革、开展合作化运动、建立人民公社、对农业进行社会主义改造等，这些政策实践在一定程度上加快了农村的建设步伐，改善了农民的生产生活条件。[1] 在这一时期，乡村的社会生活军事化、经济生活行政化、精神生活一统化，国家对农民的动员和控制达到了前所未有的程度。[2] 然而，政治力量对乡村社会的高度管控并未从实质上改变农村贫困的现状，反而加速了城镇与农村的发展不平衡。

最后是改革开放以来的多元主体共治。改革开放前，经过社会主义改造，我国农村的人地关系、组织形式、劳动内容、分工安排等发生转变，城乡间的人员流动较少，虽然一定程度上激活了农村生产力，但农民基本生活水平并不稳定，一旦发生自然灾害，农民容易陷入贫困、饥饿与落后的生存困境。改革开放以来，为有效改善农村贫困人口的生活，我国加快了扶贫开发的进程，大致经历了农村体制改革推动扶贫阶段（1978—1985年）、有组织的开发式扶贫阶段（1986—1993年）、集中解决温饱的"八七"扶贫攻坚阶段（1994—2000年）、巩固温饱成果的综合扶贫开发阶段（2001—2012年）以及实施精准扶贫、精准脱贫方略阶段（2013—2020年）。[3] 在政府主导下，各类社会主体参与到反贫困实践中，充分发挥自身优势助力脱贫攻坚工作有序开展。其一是驻村工作队。改革开放以来，驻村工作几乎贯穿于我国乡村工作的整个过程，国家根据不同

---

[1] 徐杰舜、海路：《从新村主义到新农村建设——中国农村建设思想史发展述略》，《武汉大学学报（哲学社会科学版）》2008年第2期。
[2] 郭海霞、王景新：《中国乡村建设的百年历程及其历史逻辑——基于国家和社会的关系视角》，《湖南农业大学学报（社会科学版）》2014年第2期。
[3] 白增博：《新中国70年扶贫开发基本历程、经验启示与取向选择》，《改革》2019年第12期。

的目的分别在农村设置工作队,如社教工作队、村建工作队、减负工作队[①]、驻村工作队等。在脱贫攻坚阶段,国家组织、抽调、选派了大量优秀人才到农村参与脱贫攻坚工作,以更为直接地参与农村扶贫实践。其二是企业。一类是国有企业。国有企业参与精准扶贫的方式较为多元,如通过产业带动方式参与精准扶贫、通过建设扶贫平台方式参与精准扶贫以及通过基础设施建设和提供公共产品方式参与精准扶贫等[②],有力推动了扶贫工作的开展。另一类是民营企业。民营企业主要通过就业扶贫、产业扶贫和捐赠扶贫等方式参与扶贫工作。"国家八七扶贫攻坚计划"实施伊始,民营企业积极参与国家扶贫事业,并将扶贫行动命名为"光彩事业"[③]。2015年9月,全国工商联与原国务院扶贫开发领导小组办公室、中国光彩事业促进会联合印发了《"万企帮万村"精准扶贫行动方案》,引导民营企业积极参与扶贫行动。截至2019年12月底,进入"万企帮万村"精准扶贫行动台账管理的民营企业共有9.99万家。[④]其三是社会组织。改革开放以来,许多社会组织进入农村开展扶贫项目,为乡村反贫困实践注入活力。社工机构、慈善团体、志愿服务机构等组织扎根农村,为村民讲解社会政策、链接社会资源、提供专业服务,激发农村内生动力,培育农民的自主发展能力,提高农民的生活幸福指数。

[①] 刘金海:《工作队:当代中国农村工作的特殊组织及形式》,《中共党史研究》2012年第12期。
[②] 张春敏、赵萌:《国有企业在精准扶贫中的角色定位和参与方式探析》,《广西民族大学学报(哲学社会科学版)》2018年第1期。
[③] 赵艳波、石凤妍:《改革开放40年民营企业思想政治工作发展历程》,《理论月刊》2018年第7期。
[④] 陆继霞:《中国扶贫新实践:民营企业参与精准扶贫的实践、经验与内涵》,《贵州社会科学》2020年第3期。

（三）乡村建设的文化视角

"乡村建设学派"的代表人物梁漱溟认为，中国社会与西方社会的不同在于，中国社会是一个"伦理本位、职业分立"的宗法社会。在对乡村的衰落及问题归因上，梁漱溟指出，乡村问题在根本上是文化失调，乡村改造的底层逻辑就是文化改造。[①] 乡村文化以风俗习惯、道德规范、文化价值和村规民约等方式，持续对乡村个体和社会产生约束效力。随着社会变迁的加速、各种观念的碰撞和冲击，乡村文化的约束力逐渐减弱和消散，作用在个体上的影响也在减弱，继而带来文化的失调和秩序的失衡，最终引发社会结构的崩溃，从而导致一系列的社会问题和矛盾冲突，影响着乡村社会的稳定运行。因此，在乡村建设的实现方式上，梁漱溟主张通过"社会文化的调整与改良"，以儒家伦理为核心改良乡村，重塑中国社会的文化根基，构建乡村建设的文化图景，逐渐实现"文化建国"的实践理想。梁漱溟提倡以"新文化""新礼俗"或"新的社会组织构造"，自下而上地借助理性思维自主探索新的社会秩序，对传统的乡约进行继承和改良，以社会运动方式推行乡约，并通过多种形式使其为农民所接受和践行。

梁漱溟非常重视乡村教育。他建立了乡学村学，期望通过教育力量代替行政力量，开发民智，引入西方的自然科学教育，补齐中国传统教育的短板，实现教育的大众化和融合化，使文化教育成为推进中国社会发展前进的内在动力。此外，梁漱溟也重视弘扬农民合作精神。他认为农民的联合可以解决农村问题，只有在农业生产和乡村自治上实现联合，进而实现更广泛的政治联合，中国乡村建设事业才能走向成功，整个国家方能实现繁荣与复兴。晏阳初、费

---

① 梁漱溟：《乡村建设理论》，商务印书馆，2015，第25页。

孝通等社会学家也在自己的著作中论述了文化建设的重要意义，在文化建设之于乡村发展的推动作用上达成共识。费孝通的"文化自觉论"启示着乡村建设实践，认为要从乡村社会主体、乡村文化觉醒等方面着手，挖掘与动员乡村文化资源，实现文化富民的乡村建设目标。[①]

文化对人的影响是深层次、持续性和潜移默化的，文化建设应当契合现实社会环境。在延安时期，乡村文化建设是中国共产党的重要工作，毛泽东提出要依托中国共产党进行乡村社会革命，运用马克思主义革新乡村文化，逐渐将乡村文化建设的目标从表层的战争动员深入到塑造新人、新文化的层面，推进新文化扎根乡土。[②]

在乡村文化变迁的历程中，不难捕捉到乡村文化衰落的演变轨迹和影响，它与乡村的发展变化息息相关，既包括乡村内部的文化约束力下降，也受到外部文化冲击的影响。传统乡村的根在于文化的长久浸润，在于文化的认同与规范的遵循，以及由此形成的稳定的社会秩序。然而，中国社会的快速变迁，形塑了城乡二元结构，大规模农村人口向城市流动，接受了城市文化的洗礼和熏陶，个体主义、理性主义、消费主义等价值观念从城市向农村地区蔓延和传播，冲击与侵袭了脆弱的乡土文化秩序，破坏了保持相对平衡状态的传统乡村文化生态。城市化进程以强势力量改造和解构着乡村社会的文化价值，冲击着农民的精神世界，带来了深刻的文化冲突，使农民的内心承受着文化冲突与价值冲突带来的不确定性和不安全感。[③]许多农民的受教育程度较低，思想观念保守落后，技能水平

[①] 陆益龙、刘一：《从文化自觉到文化富民——费孝通的文化自觉论及其对乡村振兴的启示》，《西北师大学报（社会科学版）》2021年第2期。
[②] 吴起民：《延安时期毛泽东乡村文化建设的理论与实践》，《求索》2019年第2期。
[③] 赵霞：《传统乡村文化的秩序危机与价值重建》，《中国农村观察》2011年第3期。

不同,难以适应乡村发展的需求以及城市就业市场中的岗位要求,只能从事一些重体力劳动,获得较低的经济报酬。乡村也缺乏继承和弘扬优秀传统文化的储备人才,导致优秀的传统手工艺和文化遗产无人传承,乡村文化的价值逐渐被遗忘和忽视。

在乡村建设实践中,近年来各地越来越注重营造乡村文化景观和打造文化宣传阵地,例如通过建设乡村图书馆、文化服务中心、文化广场、村史馆、纪念馆等物质载体和文化标识,传播和弘扬乡村优秀传统文化,实现对本地文化资源的深度挖掘和利用,打造具有地方特色的文化氛围。在文化建设的基层实践中,各地通过不断优化乡村公共文化服务体系,完善乡村农耕文化传承体系,建构乡村现代文化产业体系,创新乡村现代文化治理体系[①],为乡村建设注入文化活力与精神动力。

建立村规民约是乡村文化建设的重要内容。通过广泛征求农民的意见和建议,以文字性的约束手段规范农民的思想和行为,破除旧思想和旧规定,赋予其新时代的文明内涵和价值理念,建立符合时代价值、契合乡村需求、获得农民认同的村规民约,重建乡土社会的道德规范和伦理秩序,可以形成良性的社会运转秩序。只有如此,农民群体才会在互助生产、生活互动、日常社交和事务处理中遵循规约,减少矛盾和冲突的发生,为公共福利和集体利益着想,而非只顾个体的私人利益。

"文化下乡"也为激活乡村文化活力、推进乡村文化建设提供重要途径。各地结合当地的文化资源特色,组织开展丰富的文化活动,将典型人物事迹、地方发展故事等制作成会演节目或主题宣讲。通过形式多样的文化活动,使农民群体学习先进人物,感悟优秀文

[①] 吴理财、解胜利:《文化治理视角下的乡村文化振兴:价值耦合与体系建构》,《华中农业大学学报(社会科学版)》2019年第1期。

化的内涵，汲取优秀文化的养分，践行文化价值的理念，成为优秀文化的学习者、实践者和宣传者。此外，要积极推进乡村治理能力现代化，塑造和提高乡村文化治理能力，推动共同富裕，实现从传统乡村走向现代中国乡村。①

乡村建设的文化视角将乡村文化视为乡村建设的灵魂和核心，着眼于对乡村文化的利用和转化，其实质在于介入乡村内在性和本质性要素，包括农民的教育和乡村的文化环境。文化视角注重乡村建设的"软性"条件，是与乡村物质建设同等重要的作用机制。乡村文化建设是一种长期性、历史性、周期性、阶段性的营造方式，具有独特的内在优势，是影响乡村建设的关键力量。

---

① 胡惠林:《乡村文化治理能力建设：从传统乡村走向现代中国乡村——三论乡村振兴中的治理文明变革》,《山东大学学报(哲学社会科学版)》2023年第1期。

第二章
乡村建设的科学内涵

党的十九届五中全会通过《中共中央关于制定国民经济和社会发展第十四个五年规划和二〇三五年远景目标的建议》,提出"实施乡村建设行动"的重大战略部署。2022年5月,中共中央办公厅、国务院办公厅正式印发《乡村建设行动实施方案》,标志着我国新时代乡村建设行动正式拉开帷幕。厘清乡村建设建什么、如何建、谁来建等科学内涵,有助于深刻领会乡村建设的思想引领与行动指南等要义。

一、乡村建设的概念

人们把感觉到的事物的共同特征提炼出来,加以概括,就形成了事物的概念。概念反映了事物的一般性、本质性特征,是人们认识事物的工具。接下来将从对乡村与农村、乡村建设与乡村振兴概念的阐述出发,讨论其中的区别与联系,以明晰乡村建设的概念。

(一)乡村与农村

1. 乡村

"乡村"是一个非常抽象且动态的相对概念,从传统意义上讲,乡村指的是主要从事农业、人口分布较城镇分散的地方;从已有研究看,人们对"乡村"从不同视角进行了多种解读。费孝通认为,乡村是传统中国的农工并重的生产基地。[①]秦志华认为,乡村的概念与城市的概念是相对而言的,标志社会活动方式的区域差别。[②]《中华人民共和国乡村振兴促进法》第二条对"乡村"作出了概念界定:乡村是指城市建成区以外具有自然、社会、经济特征和生产、生活、生态、文化等多重功能的地域综合体,包括乡镇和村庄等。这是我国第一次在法律中规定乡村的概念。这对明确法律的调整对象、确立促进乡村振兴的基本措施、完善乡村振兴的制度体系、实现城乡融合发展等,具有非常重要的意义。

2. 农村

农村是生产力发展到一定阶段的产物,主要指以从事农业生产为主的劳动者聚居的地方。在不同的国家、不同时期、不同地区,所规定的农村统计口径有所不同。美国将人口在每平方英里1500人以下的地区及城市郊区都算作农村,欧洲各国一般以居住地在2000人以下者为农村。我国没有直接规定"农村"这一统计指标的口径,仅规定了"市镇总人口"和"乡村总人口"这两个人口统计指标。

3. 乡村与农村的区别和联系

"乡村"与"农村"从本质上讲差异不大,但在意义表达上略有不同。在我国古代,"乡村"称谓居多,近代以来"农村"一词的使用更为普遍。乡村是对农村的发展延伸和转型升级,两者生产发展方向各有不同,农村强调的是主要从事农业生产的地方,强调的是农业经济基础。而乡村从事的生产活动领域则比较广泛,不一

[①] 费孝通:《乡土中国·生育制度·乡土重建》,商务印务馆,2017,第354页。
[②] 秦志华:《中国乡村社区组织建设》,人民出版社,1995,第2页。

定只有农业，还包含第二、三产业；乡村除了强调农业基础之外，还强调政治和文化功能。

（二）乡村建设与乡村振兴

1. 乡村建设

"建设"多被理解为"创立新事业，增加新设施"，表现了为达目的，不断努力、开拓进取、加快发展的过程。"乡村建设"的含义较广泛，狭义的乡村建设，指的是一种以改造空间为目的在乡村地域环境中进行的为生产和生活服务的各项建设活动；广义的乡村建设，除了空间建设外还包括乡村社会、经济、文化、思想等方面的建设，是一种以改变人的观念意识为目的的建设活动或社会实践。"乡村建设"也常被视为一个专有学术名词，特指20世纪20年代至40年代，由晏阳初率先引领实施平民教育，开展乡村建设活动，陶行知、梁漱溟、卢作孚等人受其感染和启发，引领大批学者投身其中，在全国分头实施乡村建设试验，意图复兴濒临崩溃的中国乡村的社会思潮和实践活动。

2022年中共中央办公厅、国务院办公厅印发的《乡村建设行动实施方案》对乡村建设作出顶层设计，指出乡村建设是实施乡村振兴战略的重要任务，也是国家现代化建设的重要内容；明确乡村建设不仅涉及乡村生产生活和人居环境等方面的硬件建设，也包括乡村公共服务保障等方面的软件建设。推动乡村建设和乡村发展是为摆脱社会转型问题作出的努力，也是新时代我国提高发展质量、重视"三农"问题的真实写照，目的是在2035年能够实现乡村振兴、推动农业农村现代化的远景目标。[①] "乡村建设"包括物质形态

[①] 萧子扬：《迈向2035的乡村建设行动：何谓、为何与为何？——基于百年乡村建设连续统的视角》，《农林经济管理学报》2021年第1期。

的农村基础设施建设、科技装备水平提高等"物"的现代化，也包括推进乡村治理体系和治理能力的现代化，还包括着眼于"人"本身，推动"人"的现代化的内容。因而乡村建设，并非只是建设乡村，更是以农民为主体的乡村社会建设和吸纳社会多元主体参与的社会运动。"乡村建设"已发展成为一个涵盖社会、经济、政治、文化等多个层面的综合概念。

（1）在理念上，坚持为农民而建

农民是乡村建设、服务的主要对象，是建设主体，也是受益主体。中国共产党自成立以来，就明确要以人民为中心，将提高人民生活福祉作为奋斗目标，并贯穿于革命、建设和改革的进程中。党的十九大更是明确提出要以人民为中心，只有坚持人民的主体地位，乡村才能实现内源式发展、获得发展活力。[1] 习近平总书记强调，乡村建设为农民而建，必须真正把好事办好、把实事办实。要尊重农民意愿，建什么要问需于民。在理念上，坚持乡村建设是为农民而建，充分尊重农民意愿，保障农民的物质利益和民主权利，广泛依靠农民、教育引导农民、组织带动农民搞建设，发挥政府在规划引导、政策支持、组织保障等方面的作用，不搞大包大揽、强迫命令，不代替农民选择，严禁违背农民意愿撤并村庄、搞大社区，防止大拆大建、盲目建牌楼亭廊"堆盆景"。

（2）在目标上，始终从实际出发

坚持从实际出发，同地方经济发展水平相适应、同当地文化和风土人情相协调，结合农民群众实际需要，因村施策，分区分类明确目标任务，尽力而为、量力而行，合理确定公共基础设施配置和基本公共服务标准，集中力量抓好普惠性、基础性、兜底性民生建

---

[1] 李伟嘉:《乡村振兴背景下乡村建设行动的内在逻辑与推进策略》,《社科纵横》2022年第4期。

设，不搞"齐步走""一刀切"。

（3）在推进上，须遵循发展规律

坚持遵循城乡发展建设规律，保持足够的历史耐心，根据不同村庄的发展现状、区位条件、资源禀赋等，合理安排村庄建设时序，把保障和改善民生建立在财力可持续和农民可承受的基础之上，防止"刮风搞运动"，不搞"运动战"，防止超越发展阶段搞大融资、大拆建、大开发，牢牢守住防范化解债务风险底线。

（4）在方式上，要彰显地域特点

尽可能在原有村庄形态上改善居民生活条件，防止机械照搬城镇建设模式。坚持因村制宜，不脱离实际，也不千村一面；推行绿色规划、绿色设计、绿色建设，注重保护、体现特色。传承保护传统村落民居和优秀乡土文化，突出地域特色和乡村特点，保留具有本土特色和乡土气息的乡村风貌，实现乡村建设与自然生态环境有机融合。健全建管用相结合的长效机制，确保乡村建设项目长期稳定发挥效用。

2. 乡村振兴

2017年10月18日，习近平总书记在党的十九大报告中提出乡村振兴战略。党的十九大报告指出，要实施乡村振兴战略，认为农业农村农民问题是关系国计民生的根本性问题，必须始终把解决好"三农"问题作为全党工作重中之重。乡村振兴是党的十九大作出的重大决策部署，是决胜全面建成小康社会、全面建设社会主义现代化国家的重大历史任务，是新时代"三农"工作总抓手。乡村振兴是包括产业振兴、人才振兴、文化振兴、生态振兴、组织振兴的全面振兴，实施乡村振兴战略的总目标是农业农村现代化，总方针是坚持农业农村优先发展，总要求是产业兴旺、生态宜居、乡风文明、治理有效、生活富裕，制度保障是建立健全城乡融合发展体制机制和政策体系。

3. 乡村建设与乡村振兴的关系

乡村建设与乡村振兴都是我国推进社会主义现代化进程中的重要任务，两者在总体目标上具有一致性，都是为了推进"三农"现代化，都是国家现代化建设的重要内容。乡村建设主要强调的是行动指南、实施过程，是全面推进乡村振兴的重要内容和举措；乡村振兴战略是新时代我国"三农"工作的总抓手，是目标指引与发展方向，因此乡村振兴在内涵上包括了乡村建设。2022年中央一号文件明确提出乡村振兴的"三项重点"是扎实有序推进乡村发展、乡村建设、乡村治理。这也表明，乡村建设是全面推进乡村振兴的重要载体和具体抓手之一。

二、乡村建设的时代意义

党的十九届五中全会提出，要"优先发展农业农村，全面推进乡村振兴。坚持把解决好'三农'问题作为全党工作重中之重，走中国特色社会主义乡村振兴道路，全面实施乡村振兴战略，强化以工补农、以城带乡，推动形成工农互促、城乡互补、协调发展、共同繁荣的新型工农城乡关系，加快农业农村现代化。要保障国家粮食安全，提高农业质量效益和竞争力，实施乡村建设行动，深化农村改革，实现巩固拓展脱贫攻坚成果同乡村振兴有效衔接"，这既对我国"三农"工作作出新的部署，也将乡村建设纳入乡村振兴战略的范畴。乡村建设行动是乡村振兴战略的深入推进，是新时代党中央采取的缩小城乡差距、推动乡村全面振兴、实现共同富裕的重要行动，具有深远影响和重大意义。

（一）乡村建设是践行新发展理念的具体实践

理念是行动的先导，以新发展理念统领乡村建设行动，是实现乡村振兴的重要前提，完整、准确、全面地贯彻新发展理念，更是推进乡村建设行动的题中应有之义。其中，创新发展有利于解决乡村发展的动力问题，协调发展有利于解决乡村发展的不平衡问题，绿色发展有利于解决乡村发展的人与自然和谐问题，开放发展有利于解决乡村发展的内外联动问题，共享发展有利于解决乡村发展的公平正义问题。坚持把新发展理念贯穿于乡村建设行动的全过程，能够调动各方力量投身乡村振兴，改变农业农村基础差、底子薄、发展滞后的状况，强化现代化建设中的薄弱环节，推动中国这样一个人口大国、农业大国、发展中大国更好地建设现代化经济体系。[1]

（二）乡村建设是实施乡村振兴战略的重要任务

民族要复兴，乡村必振兴。乡村建设行动是党中央站在开启全面建设社会主义现代化国家新征程的历史高度，从党和国家现代化建设全局出发作出的重要部署，是新时代全面推进乡村振兴、加快农业农村现代化的重要抓手。实施乡村建设行动是乡村全面振兴的内涵式深层发展和外延式具体实践。乡村要振兴，乡村建设要先行。全面建设社会主义现代化国家，实现中华民族伟大复兴，必须把乡村建设摆在重要位置。抓住了乡村建设这个"牛鼻子"，就抓住了乡村振兴的重点，找到了全面推进乡村振兴的抓手、载体和平台。[2] 乡村建设行动以县域治理平台为载体，有利于城乡融合发

---

[1] 淮安市人民政府研究室：《乡村建设行动释义及路径探析》，《唯实》2022年第6期。

[2] 金文成：《实施乡村建设行动 全面推进乡村振兴》，《农村金融研究》2021年第11期。

展，统筹城乡两个主体，构建一个新的村庄治理格局。乡村建设行动规定了具体实施建议，包括重点强化县域政务、经济、社会、文化等综合服务能力，促进公共服务均等化，补齐农村基础设施短板，改善人居环境，推动乡村人才队伍建设，深化农村集体产权制度改革，发展新型农村集体经济。这些内容与乡村振兴产业兴旺、治理有效、乡风文明、生活富裕、生态宜居的目标任务高度契合。可见，乡村建设行动是乡村振兴战略在新发展阶段的必然之举，具有重要意义。①

（三）乡村建设是国家现代化建设的重要内容

"中国要强，农业必须强；中国要美，农村必须美；中国要富，农民必须富。"当前，我国已经开启新时代现代化建设的新篇章，全面建设社会主义现代化国家，既要建设繁华的城市，也要建设繁荣的农村。中国式现代化是全体人民共同富裕的现代化，实现全体人民共同富裕是中国式现代化的本质要求。要牢牢抓住农业农村现代化这个国家现代化的短板和薄弱环节，没有农业农村现代化，就没有国家的现代化。这也是中国特色社会主义道路的重要特征，就是要带领几亿农民、带动广大农村地区一起进入现代化。习近平总书记强调，要以实施乡村建设行动为抓手，改善农村人居环境，建设宜居宜业美丽乡村。党的十九届五中全会提出实施乡村建设行动，强调把乡村建设摆在社会主义现代化建设的重要位置。2022年中央办公厅、国务院办公厅印发《乡村建设行动实施方案》，确立了乡村建设的工作导向。2021年至2023年的中央一号文件对实施乡村建设行动作出了具体部署。有序推进乡村建设，坚持为农民而建，遵

---

① 李伟嘉：《乡村振兴背景下乡村建设行动的内在逻辑与推进策略》，《社科纵横》2022年第4期。

循乡村发展规律，注重保护乡村特色风貌，促进农村基础设施和基本公共服务向村覆盖、往户延伸，推动乡村由表及里、形神兼备的全面提升，让农民就地能够过上现代文明生活。总之，乡村建设行动聚焦于使农业基础更加稳固、农业生产结构和布局明显优化、农业质量和竞争力明显提升，促进现代乡村产业体系的形成，从而推动农业农村现代化进程。

（四）乡村建设是农村和农民共同富裕的需要

习近平总书记指出："共同富裕是全体人民共同富裕，是人民群众物质生活和精神生活都富裕，不是少数人的富裕，也不是整齐划一的平均主义。"[1] 总书记的这一重要论述深刻指明了共同富裕的丰富内涵与前进方向。党的十八大以来，以习近平同志为核心的党中央坚持把公共基础设施建设重点放在农村，持续改善农村生产生活条件，强化农村基本公共服务供给，农村人居环境整治三年行动如期完成，村庄基础设施显著改善，乡村面貌发生巨大变化，农村同步实现全面建成小康社会。但同时也要看到，我国农村基础设施和公共服务体系还不健全，农村教育、医疗、养老等公共服务与县域内城镇居民仍有一定差距，农村水电路气网等基础设施往村覆盖、往户延伸还存在明显薄弱环节，还不能满足农民群众日益增长的美好生活需要。[2] 随着贫困治理取得重大成就，农民的福利需求与生活质量不断提高，乡村建设的着力点从"两不愁三保障"转变为解决"发展不平衡不充分"的问题，以逐步实现共同富裕。发展是一切工作的重心，新发展阶段必须把发展质量放在更加突出的位置，乡村建设行动就是以提高经济社会发展质量为宗旨，关注农民生活

---

[1] 习近平：《扎实推动共同富裕》，《求是》2021年第20期。
[2] 张灿强：《乡村建设：扎实推进行稳致远》，《中国发展观察》2022年第6期。

质量的提升。① 通过实施乡村建设，补齐农村在基础设施、基本公共服务供给方面的短板，对我们完成不同阶段经济社会发展相关要求有着重大意义。总之，乡村建设是抓重点、补短板、强弱项的重要举措，是实现农村农民共同富裕的一大抓手。

三、乡村建设的相关政策

党和政府高度重视乡村建设，把乡村建设摆在社会主义现代化建设的重要位置，促进农业全面升级，农村全面进步，农民全面发展。党的十六届五中全会提出"生产发展、生活宽裕、乡风文明、村容整洁、管理民主"的社会主义新农村建设目标和要求。党的十九大提出"产业兴旺、生态宜居、乡风文明、治理有效、生活富裕"的实施乡村振兴战略总要求。党的十九届五中全会提出实施乡村建设行动，强调把乡村建设摆在社会主义现代化建设的重要位置。党的二十大进一步提出"建设宜居宜业和美乡村"。这些一以贯之地体现了我们党对乡村建设规律的深刻把握，充分反映了亿万农民对建设美丽家园、过上美好生活的愿景和期盼。②

（一）社会主义新农村建设

2005年，党的十六届五中全会通过《中共中央关于制定国民经济和社会发展第十一个五年规划的建议》，提出要按照"生产发展、生活宽裕、乡风文明、村容整洁、管理民主"的要求，扎实推进社会主义新农村建设。2006年中央一号文件指出，建设社会主义新农村是我国现代化进程中的重大历史任务。农村人口众多是我国的国

---

① 李伟嘉：《乡村振兴背景下乡村建设行动的内在逻辑与推进策略》，《社科纵横》2022年第4期。
② 胡春华：《建设宜居宜业和美乡村》，《人民日报》2022年11月15日第6版。

情，只有发展好农村经济，建设好农民的家园，让农民过上宽裕的生活，才能保障全体人民共享经济社会发展成果，才能不断扩大内需和促进国民经济持续发展。建设社会主义新农村，要统筹城乡经济社会发展，扎实推进社会主义新农村建设；推进现代农业建设，强化社会主义新农村建设的产业支撑；促进农民持续增收，夯实社会主义新农村建设的经济基础；加强农村基础设施建设，改善社会主义新农村建设的物质条件；加快发展农村社会事业，培养推进社会主义新农村建设的新型农民；全面深化农村改革，健全社会主义新农村建设的体制保障；加强农村民主政治建设，完善建设社会主义新农村的乡村治理机制；切实加强领导，动员全党全社会关心、支持和参与社会主义新农村建设。

（二）乡村振兴战略

习近平总书记在党的十九大报告中作出中国特色社会主义进入新时代的科学论断，提出实施乡村振兴战略的重大历史任务。2018年1月，《中共中央 国务院关于实施乡村振兴战略的意见》提出要"准确把握乡村振兴的科学内涵，挖掘乡村多种功能和价值"，对新发展阶段优先发展农业农村、全面推进乡村振兴作出总体部署。

2018年9月，中共中央、国务院印发《乡村振兴战略规划（2018—2022年）》，提出乡村振兴战略的发展目标：到2020年，乡村振兴的制度框架和政策体系基本形成，各地区各部门乡村振兴的思路举措得以确立，全面建成小康社会的目标如期实现。到2022年，乡村振兴的制度框架和政策体系初步健全。国家粮食安全保障水平进一步提高，现代农业体系初步构建，农业绿色发展全面推进；农村一二三产业融合发展格局初步形成，乡村产业加快发展，农民收入水平进一步提高，脱贫攻坚成果得到进一步巩固；农村基础设施条件持续改善，城乡统一的社会保障制度体系基本建立；农村人居环境显著改善，生态宜居的美丽乡村建设扎实推进；城乡融合发展体制机制初步建立，农村基本公共服务水平进一步提升；乡村优秀传统文化得以传承和发展，农民精神文化生活需求基本得到满足；以党组织为核心的农村基层组织建设明显加强，乡村治理能力进一步提升，现代乡村治理体系初步构建。探索形成一批各具特色的乡村振兴模式和经验，乡村振兴取得阶段性成果。

同时，《乡村振兴战略规划（2018—2022年）》提出了乡村振兴战略的远景谋划：到2035年，乡村振兴取得决定性进展，农业农村现代化基本实现。农业结构得到根本性改善，农民就业质量显著提高，相对贫困进一步缓解，共同富裕迈出坚实步伐；城乡基本公共服务均等化基本实现，城乡融合发展体制机制更加完善；乡风文明达到新高度，乡村治理体系更加完善；农村生态环境根本好转，生态宜居的美丽乡村基本实现。到2050年，乡村全面振兴，农业强、农村美、农民富全面实现。

2021年6月，《中华人民共和国乡村振兴促进法》开始正式施行，以法治助绘乡村振兴蓝图。2022年11月，《乡村振兴责任制实施办法》出台，构建起职责清晰、各负其责、合力推进的乡村振兴责任体系，举全党全社会之力全面推进乡村振兴，加快农业农村现代化。

（三）乡村建设行动

乡村建设是实施乡村振兴战略的重要任务，也是国家现代化建设的重要内容。《中共中央关于制定国民经济和社会发展第十四个五年规划和二〇三五年远景目标的建议》首次提出"实施乡村建设行动"，并明确县域城镇建设、村庄规划建设、农村基础设施建设、农村环境建设和农村人才建设等是乡村建设的主要内容，农业农村现代化是实施乡村建设行动的远景目标。

党的十九届五中全会作出实施乡村建设行动的重大部署，习近平总书记指出，实施乡村建设行动，要"继续把公共基础设施建设的重点放在农村，在推进城乡基本公共服务均等化上持续发力，注重加强普惠性、兜底性、基础性民生建设"。这既是党中央关于"三农"工作理论创新的最新成果，也是对百年乡村建设思想的传承和创新，旨在全面推进乡村振兴战略、推动农业农村现代化。

2022年5月，中共中央办公厅、国务院办公厅印发了《乡村建设行动实施方案》。方案提出，到2025年乡村建设取得实质性进展，农村人居环境持续改善，农村公共基础设施往村覆盖、往户延伸取得积极进展，农村基本公共服务水平稳步提升，农村精神文明建设显著加强，农民获得感、幸福感、安全感进一步增强。方案提出了12项重点任务，可概括为"183"行动，"1"就是制定一个规划，确保一张蓝图绘到底；"8"就是实施道路、供水、能源、物流、信息化、综合服务、农房、农村人居环境八大工程；"3"就是健全三个体系，即实施农村基本公共服务提升行动、加强农村基层组织建设、深入推进农村精神文明建设。

2023年1月，国家乡村振兴局、中央组织部、国家发展改革委、民政部、自然资源部、住房和城乡建设部、农业农村部联合发布《农民参与乡村建设指南（试行）》，为充分调动广大农民群众参与乡村建设、完善农民参与机制、激发农民参与意愿、强化农民参与保障提供了指南，使农民内生动力得到充分激发、民主权利得到充分体现、主体作用得到充分发挥。

（四）建设宜居宜业和美乡村

宜居宜业和美乡村的提出是一个逐步演进的过程。2013年《中共中央 国务院关于加快发展现代农业 进一步增强农村发展活力的若干意见》首次正式将农村发展新目标定位为"美丽乡村"建设，提出"加强农村生态建设、环境保护和综合整治，努力建设美丽乡村"，随之开展了系列美丽乡村创建活动。2015年，国家质量监督检验检疫总局、国家标准化管理委员会发布《美丽乡村建设指南》，确定了"美丽乡村"的内涵："经济、政治、文化、社会和生态文明协调发展、规划科学、生产发展、生活宽裕、乡风文明、村容整洁、管理民主，宜居、宜业的可持续发展乡村（包括建制村和自然村）。"2022年10月，党的二十大报告中提出统筹乡村基础设施和公共服务布局，建设宜居宜业和美乡村，这是以习近平同志为核心的党中央坚持把乡村建设摆在社会主义现代化建设的重要位置、正确处理工农城乡关系作出的重大战略部署，为今后一个时期我国建设什么样的乡村、怎样建设乡村指明了方向，不仅充实和完善了我国乡村振兴战略的内容，也在很大程度上开启和激活了我国百年乡村建设的新征程。

建设宜居宜业和美乡村进一步强调将生态文明建设融入经济社会发展的全过程，从人与自然的和谐到汇集了人与人、人与社会的和谐，更加注重生态美、人文美、协调美的有机统一。建设宜居宜业和美乡村涉及经济、政治、文化、社会、生态五个维度，包含乡村发展规划、经济产业、乡村治理机制、乡风文明、社会公共服务、生态环境、村民生活品质等方面，需要实现乡村产业美、环境美、人文美、和谐美、建设美。建设宜居宜业和美乡村是对乡村建设内涵和目标的进一步丰富和拓展。宜居宜业和美乡村建设是要放大原生态乡村魅力，致力留住乡风乡韵乡愁，要体现出乡村内在的和谐、内在的美，提升村民的幸福感、满意感、获得感。

四、乡村建设的主要内涵

建设什么样的乡村、怎么建设乡村，是近代以来中华民族面对的一个历史性课题。乡村建设作为一个重要的理论命题和社会实践，经历了从乡村建设运动到乡村建设行动的百年发展、演进历程，并成为完善乡村振兴战略、推动农业农村现代化和确保基本实现 2035 年远景目标的重要路径选择。①

（一）指导思想

以习近平新时代中国特色社会主义思想为指导，坚持农业农村优先发展，把乡村建设摆在社会主义现代化建设的重要位置，顺应农民群众对美好生活的向往，以普惠性、基础性、兜底性民生建设为重点，强化规划引领，统筹资源要素，动员各方力量，加强农村基础设施和公共服务体系建设，建立自下而上、村民自治、农民参与的实施机制，既尽力而为又量力而行，求好不求快，干一件成一件，努力让农村具备更好生活条件，建设宜居宜业和美乡村。

（二）工作原则

1. 尊重规律、稳扎稳打

顺应乡村发展规律，合理安排村庄建设时序，保持足够的历史耐心、久久为功、从容建设。树立正确政绩观，把保障和改善民生建立在财力可持续和农民可承受的基础之上，防止刮风搞运动，防

---

① 萧子扬：《迈向 2035 的乡村建设行动：何谓、为何与何为？——基于百年乡村建设连续统的视角》，《农林经济管理学报》2021 年第 1 期。

止超越发展阶段搞大融资、大拆建、大开发，牢牢守住防范化解债务风险底线。

2. 因地制宜、分类指导

乡村建设要同地方经济发展水平相适应、同当地文化和风土人情相协调，结合农民群众实际需要，分区分类明确目标任务，合理确定公共基础设施配置和基本公共服务标准，不搞齐步走、"一刀切"，避免在"空心村"无效投入、造成浪费。

3. 注重保护、体现特色

传承保护传统村落民居和优秀乡土文化，突出地域特色和乡村特点，保留具有本土特色和乡土气息的乡村风貌，防止机械照搬城镇建设模式，打造各具特色的现代版"富春山居图"。

4. 政府引导、农民参与

发挥政府在规划引导、政策支持、组织保障等方面作用，坚持为农民而建，尊重农民意愿，保障农民物质利益和民主权利，广泛依靠农民、教育引导农民、组织带动农民搞建设，不搞大包大揽、强迫命令，不代替农民选择。

5. 建管并重、长效运行

坚持先建机制、后建工程，统筹推进农村公共基础设施建设与管护，健全建管用相结合的长效机制，确保乡村建设项目长期稳定发挥效用，防止重建轻管、重建轻用。

6. 节约资源、绿色建设

树立绿色低碳理念，促进资源集约节约循环利用，推行绿色规划、绿色设计、绿色建设，实现乡村建设与自然生态环境有机融合。

（三）行动目标

乡村建设必须坚持数量服从质量、进度服从实效，求好不求快，以普惠性、基础性、兜底性民生建设为重点，聚焦逐步使农村基本具备现代生活条件这一基本目标，着力改善农村生产生活条件，水平、标准、档次可以因地而异、高低有别，重点是保障基本功能，解决突出问题。确保到2025年乡村建设取得实质性进展，农村人居环境持续改善，农村公共基础设施往村覆盖、往户延伸取得积极进展，农村基本公共服务水平稳步提升，农村精神文明建设显著加强，让农民获得感、幸福感、安全感进一步增强。

（四）重点任务

乡村建设瞄准农村基本具备现代生活条件的目标，主要从三个方面发力稳步推进：一是加快村庄规划编制工作。村庄规划是乡村建设的基础和前提。要让基层干部和农民参与，坚持县域统筹，根据各地经济社会发展水平、地域文化特色和不同类型村庄特点，因地制宜、循序渐进推进村庄改造。二是加强农村公共基础设施建设。这是乡村建设的重要内容。要充分考虑财力可持续和农民可接受，坚持数量服从质量、进度服从实效，集中力量优先抓好普惠性、基础性、兜底性民生建设，优先建设既方便生活又促进生产的项目。三是抓好农村人居环境整治提升。农村人居环境整治提升要在巩固成效基础上，强化长效机制建设，持续推进《农村人居环境整治提升五年行动方案（2021—2025年）》落实。农村厕所革命要聚焦"整改完善、稳进提质"；农村生活污水治理要聚焦"协同治理、分类推进"；农村生活垃圾治理要聚焦"补齐短板、提升水平"；村容村貌提升要聚焦"突出重点、全面推进"，持续开展村庄清洁行动和绿化美化行动，健全长效保洁机制。

乡村振兴战略实现了"三农"发展的"善谋",乡村建设行动更加强调"实干"。①

如前所述,乡村建设围绕加强农村基础设施和公共服务体系建设,提出了12项重点任务,凸显了乡村建设"硬件"和"软件"两手抓,既要"面子"也要"里子"的系统观、整体观。通过12项重点任务的推进,切实改善农村生产生活条件,重点保障农村基本功能,着力破解乡村建设突出难题。

乡村建设的"硬件"主要包括八个方面,即实施农村道路畅通工程、强化农村防汛抗旱和供水保障、实施乡村清洁能源建设工程、实施农产品仓储保鲜冷链物流设施建设工程、实施数字乡村建设发展工程、实施村级综合服务设施提升工程、实施农房质量安全提升工程、实施农村人居环境整治提升五年行动。这些重点任务围绕农民的现实需求,着力破解基础设施"最后一公里"的问题。比如,农村公路建设项目更多向进村入户倾斜,有条件的地区可由城镇管网向周边村庄延伸供水,因地制宜推进供水入户,建设村级寄递物流综合服务站,构建通村入户的基础网络,采取固定设施、流动服务等方式,提高农村居民享受公共服务的可及性、便利性等等。

乡村建设的"软件"主要是实施农村基本公共服务提升行动、加强农村基层组织建设和深入推进农村精神文明建设。乡村建设既要"面子",又要"里子",体现了乡村建设、乡村发展、乡村治理的统筹协调、相互促进。通过加强乡村治理来激发乡村建设和乡村发展的内生动力,促进乡村善治,维护社会稳定、公平和正义,可以为乡村发展提供良好的条件和保障。

通过健全"硬件"和"软件",既改善乡村面貌,进一步提升

---

① 蒲实:《准确理解把握乡村建设行动路线图》,《学习时报》2022年6月8日第1版。

乡村宜居宜业水平,又建设文明乡风,提振农民的"精气神"。①

1. 制定一个规划

乡村规划是根据乡村经济发展、产业项目、文化教育、生态环境等因素,在全面把握乡村发展现状和未来发展状态的基础上作出的制度安排与总体部署。乡村规划是乡村建设的前提,也是乡村建设的依据。乡村规划主要包括对农村产业结构、资源作出评析,根据区位因素与社区关系、经济发展方向制定具有技术性的建设规划。乡村规划要以提高农民生活质量为根本目标,注重在生态保护、历史传承的视角下推进建设水平、速度、规模与效益的均衡发展,并观照社会现实。②乡村建设,需要遵循城乡发展建设规律,做到先规划后建设,无规划不建设,保持规划的严肃性和权威性。加强村庄建筑风貌引导,不搞千村一面,注重保留乡土味道,让乡村望得见山、看得见水、留得住乡愁。严格规范村庄撤并,不能超越发展阶段,刮风搞运动。乡村建设是为农民而建,要尊重农民意愿,维护好农民权益,保持历史耐心,把好事办好、把实事办实。

坚持县域规划建设一盘棋,明确村庄布局分类,细化分类标准。合理划定各类空间管控边界,优化布局乡村生活空间,因地制宜界定乡村建设规划范围,严格保护农业生产空间和乡村生态空间,牢牢守住18亿亩耕地红线。严禁随意撤并村庄搞大社区、违背农民意愿大拆大建。积极有序推进村庄规划编制。发挥村庄规划指导约束作用,确保各项建设依规有序开展。建立政府组织领导、村民发挥主体作用、专业人员开展技术指导的村庄规划编制机制,共建共治共享美好家园。

---

① 张灿强:《乡村建设:扎实推进稳致远》,《中国发展观察》2022年第6期。
② 文剑钢、文瀚梓:《我国乡村治理与规划落地问题研究》,《现代城市研究》2015年第4期。

2. 实施八大工程

实施八大工程，加强道路、防汛抗旱和供水、能源、物流、信息化、综合服务、农房、农村人居环境八个重点领域基础设施建设。道路方面，重点实施农村道路畅通工程，以县域为单元加快构建便捷高效的农村公路骨干网络；防汛抗旱和供水方面，重点强化农村防汛抗旱和供水保障，加强防汛抗旱基础设施建设；能源方面，重点实施乡村清洁能源建设工程，巩固提升农村电力保障水平，稳妥有序推进北方农村地区清洁取暖；物流方面，重点实施农产品仓储保鲜冷链物流设施建设工程，健全县乡村三级物流配送体系；信息化方面，重点实施数字乡村建设发展工程，推进数字技术与农村生产生活深度融合；综合服务方面，重点实施村级综合服务设施提升工程，推进"一站式"便民服务；农房方面，重点实施农房质量安全提升工程，逐步建立健全农村低收入群体住房安全保障长效机制，加强历史文化名镇名村、传统村落、传统民居保护与利用；农村人居环境方面，重点实施农村人居环境整治提升五年行动，统筹农村改厕和生活污水、黑臭水体治理，健全农村生活垃圾收运处置体系。

（1）道路方面

重点实施农村道路畅通工程。继续开展"四好农村路"示范创建，推动农村公路建设项目更多向进村入户倾斜。以县域为单元，加快构建便捷高效的农村公路骨干网络，推进乡镇对外快速骨干公路建设，加强乡村产业路、旅游路、资源路建设，促进农村公路与乡村产业深度融合发展。推进较大人口规模自然村（组）通硬化路建设，有序推进建制村通双车道公路改造、窄路基路面拓宽改造或错车道建设。加强通村公路和村内道路连接，统筹规划和实施农村公路的穿村路段建设，兼顾村内主干道功能。积极推进具备条件的地区城市公交线路向周边重点村镇延伸，有序实施班线客运公交化改造。开展城乡交通运输一体化示范创建。加强农村道路桥梁、临水临崖和切坡填方路段安全隐患排查治理。深入推进农村公路"安全生命防护工程"。加强农村客运安全监管。强化消防车道建设管理，推进林区牧区防火隔离带、应急道路建设。

（2）防汛抗旱和供水方面

重点强化农村防汛抗旱和供水保障。加强防汛抗旱基础设施建设，防范水库垮坝、中小河流洪水、山洪灾害等风险，充分发挥骨干水利工程防灾减灾作用，完善抗旱水源工程体系。稳步推进农村饮水安全向农村供水保障转变。强化水源保护和水质保障，推进划定千人以上规模饮用水水源保护区或保护范围，配套完善农村千人以上供水工程净化消毒设施设备，健全水质检测监测体系。实施规模化供水工程建设和小型供水工程标准化改造，更新改造一批老旧供水工程和管网。有条件的地区可由城镇管网向周边村庄延伸供水，因地制宜推进供水入户，同步推进消防取水设施建设。按照"补偿成本、公平负担"的原则，健全农村集中供水工程合理水价形成机制。

（3）能源方面

重点实施乡村清洁能源建设工程。巩固提升农村电力保障水平，推进城乡配电网建设，提高边远地区供电保障能力。发展太阳能、风能、水能、地热能、生物质能等清洁能源，在条件适宜地区探索建设多能互补的分布式低碳综合能源网络。按照先立后破、农民可承受、发展可持续的要求，稳妥有序推进北方农村地区清洁取暖，加强煤炭清洁化利用，推进散煤替代，逐步提高清洁能源在农村取暖用能中的比重。

（4）物流方面

重点实施农产品仓储保鲜冷链物流设施建设工程。加快农产品仓储保鲜冷链物流设施建设，推进鲜活农产品低温处理和产后减损。依托家庭农场、农民合作社等农业经营主体，发展产地冷藏保鲜，建设通风贮藏库、机械冷库、气调贮藏库、预冷及配套设施设备等农产品冷藏保鲜设施。面向农产品优势产区、重要集散地和主要销区，完善国家骨干冷链物流基地布局建设，整合优化存量冷链物流资源。围绕服务产地农产品集散和完善销地冷链物流网络，推进产销冷链集配中心建设，加强与国家骨干冷链物流基地间的功能对接和业务联通，打造高效衔接农产品产销的冷链物流通道网络。完善农产品产地批发市场。实施县域商业建设行动，完善农村商业体系，改造提升县城连锁商超和物流配送中心，支持有条件的乡镇建设商贸中心，发展新型乡村便利店，扩大农村电商覆盖面。健全县乡村三级物流配送体系，引导利用村内现有设施，建设村级寄递物流综合服务站，发展专业化农产品寄递服务。宣传推广农村物流服务品牌，深化交通运输与邮政快递融合发展，提高农村物流配送效率。

（5）信息化方面

重点实施数字乡村建设发展工程。推进数字技术与农村生产生活深度融合，持续开展数字乡村试点。加强农村信息基础设施建设，深化农村光纤网络、移动通信网络、数字电视和下一代互联网覆盖，进一步提升农村通信网络质量和覆盖水平。加快建设农业农村遥感卫星等天基设施。建立农业农村大数据体系，推进重要农产品全产业链大数据建设。发展智慧农业，深入实施"互联网+"农产品出村进城工程和"数商兴农"行动，构建智慧农业气象平台。推进乡村管理服务数字化，推进农村集体经济、集体资产、农村产权流转交易数字化管理。推动"互联网+"服务向农村延伸覆盖，推进涉农事项在线办理，加快城乡灾害监测预警信息共享。深入实施"雪亮工程"。深化乡村地名信息服务提升行动。

（6）综合服务方面

重点实施村级综合服务设施提升工程。推进"一站式"便民服务，整合利用现有设施和场地，完善村级综合服务站点，支持党务服务、基本公共服务和公共事业服务就近或线上办理。加强村级综合服务设施建设，进一步提高村级综合服务设施覆盖率。加强农村全民健身场地设施建设。推进公共照明设施与村内道路、公共场所一体规划建设，加强行政村村内主干道路灯建设。加快推进完善革命老区、民族地区、边疆地区、欠发达地区基层应急广播体系。因地制宜建设农村应急避难场所，开展农村公共服务设施无障碍建设和改造。

（7）农房方面

重点实施农房质量安全提升工程。推进农村低收入群体等重点对象危房改造和地震高烈度设防地区农房抗震改造，逐步建立健全农村低收入群体住房安全保障长效机制。加强农房周边地质灾害综合治理。深入开展农村房屋安全隐患排查整治，以用作经营的农村自建房为重点，对排查发现存在安全隐患的房屋进行整治。新建农房要避开自然灾害易发地段，顺应地形地貌，不随意切坡填方弃渣，不挖山填湖、不破坏水系、不砍老树，形成自然、紧凑、有序的农房群落。农房建设要满足质量安全和抗震设防要求，推动配置水暖厨卫等设施。因地制宜推广装配式钢结构、木竹结构等安全可靠的新型建造方式。以农村房屋及其配套设施建设为主体，完善农村工程建设项目管理制度，省级统筹建立从用地、规划、建设到使用的一体化管理体制机制，并按照"谁审批、谁监管"的要求，落实安全监管责任。建设农村房屋综合信息管理平台，完善农村房屋建设技术标准和规范。加强历史文化名镇名村、传统村落、传统民居保护与利用，提升防火防震防垮塌能力。保护民族村寨、特色民居、文物古迹、农业遗迹、民俗风貌。

（8）农村人居环境方面

重点实施农村人居环境整治提升五年行动。推进农村厕所革命，加快研发干旱、寒冷等地区卫生厕所适用技术和产品，因地制宜选择改厕技术模式，引导新改户用厕所基本入院入室，合理规划布局公共厕所，稳步提高卫生厕所普及率。统筹农村改厕和生活污水、黑臭水体治理，因地制宜建设污水处理设施，基本消除较大面积的农村黑臭水体。健全农村生活垃圾收运处置体系，完善县乡村三级设施和服务，推动农村生活垃圾分类减量与资源化处理利用，建设一批区域农村有机废弃物综合处置利用设施。加强入户道路建设，构建通村入户的基础网络，稳步解决村内道路泥泞、村民出行不便、出行不安全等问题。全面清理私搭乱建、乱堆乱放，整治残垣断壁，加强农村电力线、通信线、广播电视线"三线"维护梳理工作，整治农村户外广告。因地制宜开展荒山荒地荒滩绿化，加强农田（牧场）防护林建设和修复，引导鼓励农民开展庭院和村庄绿化美化，建设村庄小微公园和公共绿地。实施水系连通及水美乡村建设试点。加强乡村风貌引导，编制村容村貌提升导则。

3. 健全三个体系

健全三个体系，即实施农村基本公共服务提升行动，加强农村基层组织建设，深入推进农村精神文明建设，推动服务和治理重心下移、资源下沉，提高农村居民享受公共服务的可及性和便利性。

（1）实施农村基本公共服务提升行动

发挥县域内城乡融合发展支撑作用，强化县城综合服务功能，推动服务重心下移、资源下沉，采取固定设施、流动服务等方式，提高农村居民享受公共服务的可及性、便利性。优先规划、持续改善农村义务教育学校基本办学条件，支持建设城乡学校共同体。多渠道增加农村普惠性学前教育资源供给。巩固提升高中阶段教育普及水平，发展涉农职业教育，建设一批产教融合基地，新建改扩建一批中等职业学校。加强农村职业院校基础能力建设，进一步推进乡村地区继续教育发展。改革完善乡村医疗卫生体系，加快补齐公共卫生服务短板，完善基层公共卫生设施。支持建设紧密型县域医共体。加强乡镇卫生院发热门诊或诊室等设施条件建设，选建一批中心卫生院。持续提升村卫生室标准化建设和健康管理水平，推进村级医疗疾控网底建设。落实乡村医生待遇，保障合理收入，完善培养使用、养老保障等政策。完善养老助残服务设施，支持有条件的农村建立养老助残机构，建设养老助残和未成年人保护服务设施，培育区域性养老助残服务中心。发展农村幸福院等互助型养老，支持卫生院利用现有资源开展农村重度残疾人托养照护服务。推进乡村公益性殡葬服务设施建设和管理。开展县乡村公共服务一体化示范建设。

（2）加强农村基层组织建设

深入抓党建促乡村振兴，充分发挥农村基层党组织领导作用和党员先锋模范作用。大力开展乡村振兴主题培训。选优配强乡镇领导班子特别是党政正职。充实加强乡镇工作力量。持续优化村"两委"班子特别是带头人队伍，推动在全面推进乡村振兴中干事创业。派强用好驻村第一书记和工作队，健全常态化驻村工作机制，做到脱贫村、易地扶贫搬迁安置村（社区）、乡村振兴任务重的村、党组织软弱涣散村全覆盖，推动各级党组织通过驻村工作有计划地培养锻炼干部。加大在青年农民特别是致富能手、农村外出务工经商人员中发展党员力度。强化县级党委统筹和乡镇、村党组织引领，推动发展壮大村级集体经济。常态化整顿软弱涣散村党组织。完善党组织领导的乡村治理体系，推行网格化管理和服务，做到精准化、精细化，推动建设充满活力、和谐有序的善治乡村。推进更高水平的平安法治乡村建设，依法严厉打击农村黄赌毒、侵害农村妇女儿童人身权利等各种违法犯罪行为，切实维护农村社会平安稳定。

（3）深入推进农村精神文明建设

深入开展习近平新时代中国特色社会主义思想学习教育，广泛开展中国特色社会主义和中国梦宣传教育，加强思想政治引领。弘扬和践行社会主义核心价值观，推动融入农村发展和农民生活。拓展新时代文明实践中心建设，广泛开展文明实践志愿服务。推进乡村文化设施建设，建设文化礼堂、文化广场、乡村戏台、非遗传习场所等公共文化设施。深入开展农村精神文明创建活动，持续推进农村移风易俗，健全道德评议会、红白理事会、村规民约等机制，治理高价彩礼、人情攀比、封建迷信等不良风气，推广积分制、数字化等典型做法。

（五）推进机制

乡村建设涉及领域广、部门多，需要从责任落实、项目管理、农民参与、运行管护等方面创新实施机制，确保乡村建设行动落地见效。

1. 建立专项任务责任制

按照一项任务、一个推进方案的要求，牵头部门要加强统筹协调，制定专项推进方案，指导地方组织实施。各地要细化措施，强化政策的衔接协调，形成工作合力，加强项目和资金监督管理，防止造成资金和资源浪费。

2.建立项目库管理制度

按照村申报、乡审核、县审定原则，在县一级普遍建立乡村建设相关项目库。加强项目论证，优先纳入群众需求强烈、短板突出、兼顾农业生产和农民生活条件改善的项目，切实提高入库项目质量。安排乡村建设项目资金，原则上须从项目库中选择项目。各地可结合实际制定"负面清单"，防止形象工程。建立健全入库项目审核机制和绩效评估机制。

3.优化项目实施流程

对于按照固定资产投资管理的小型村庄建设项目，按规定施行简易审批。对于采取以工代赈方式实施的农业农村基础设施项目，按照招标投标法和村庄建设项目施行简易审批的有关要求，可以不进行招标。对于农民投资投劳项目，采取直接补助、以奖代补等方式推进建设。对于重大乡村建设项目，严格规范招投标项目范围和实施程序，不得在法律法规外，针对投资规模、工程造价、招标文件编制等设立其他审批审核程序。严格规范乡村建设用地审批管理，坚决遏制乱占耕地建房。

4.完善农民参与乡村建设机制

健全党组织领导的村民自治机制，充分发挥村民委员会、村务监督委员会、集体经济组织作用，坚持和完善"四议两公开"制度，依托村民会议、村民代表会议、村民议事会、村民理事会、村民监事会等，引导农民全程参与乡村建设，保障农民的知情权、参与权、监督权。在项目谋划环节,加强农民培训和指导,组织农民议事,激发农民主动参与意愿,保障农民参与决策。在项目建设环节,鼓励村民投工投劳、就地取材开展建设,积极推广以工代赈方式,吸纳更多农村低收入群体就地就近就业。在项目管护环节,推行"门前三包"、受益农民认领、组建使用者协会等农民自管方式。完善农民参与乡村建设程序和方法。在乡村建设中深入开展美好环境与幸福生活共同缔造活动。

5. 健全乡村公共基础设施管护机制

各地要以清单形式明确村庄公共基础设施管护主体、管护责任、管护方式、管护经费来源等,建立公示制度。供水、供电、供气、环保、电信、邮政等基础设施运营企业应落实普遍服务要求,全面加强对所属农村公共基础设施的管护。有条件的地方推进公共基础设施城乡一体化管护。推行经营性、准经营性设施使用者付费制度,鼓励社会资本和专业化企业有序参与农村公共基础设施管护。农村生活污水处理设施用电按规定执行居民生活用电价格。

(六)政策支持和要素保障

要围绕强化乡村建设"人、地、钱"要素保障,保证各项政策支持措施落地生效。

1. 投入保障方面

明确中央财政、中央预算内投资、土地出让收入、地方政府债券等支持乡村建设具体要求,创新金融服务拓宽乡村建设融资渠道,大力引导和鼓励社会力量投入乡村建设。

第一,加强投入保障。中央财政继续通过现有渠道积极支持乡村建设,中央预算内投资将乡村建设行动作为重点积极予以支持,并向欠发达地区适当倾斜。将乡村建设作为地方政府支出的重点领域，合理安排资金投入。土地出让收入用于农业农村部分可按规定统筹安排支持乡村建设。将符合条件的公益性乡村建设项目纳入地方政府债券支持范围。允许县级按规定统筹使用相关资金推进乡村建设。

第二，创新金融服务。鼓励银行业金融机构扩大贷款投放，支持乡村建设。运用支农支小再贷款、再贴现等政策工具，引导机构法人、业务在县域的农信社、村镇银行等金融机构把工作重心放在乡村振兴上。开展金融科技赋能乡村振兴示范工程，鼓励金融机构在依法合规前提下量身定制乡村建设金融产品，稳妥拓宽农业农村抵质押物范围。探索银行、保险、担保、基金、企业合作模式，拓宽乡村建设融资渠道。加强涉农金融创新服务监管和风险防范。

第三，引导社会力量参与。将乡村建设纳入东西部协作帮扶和中央单位定点帮扶重点支持领域。扎实开展"万企兴万村"行动，大力引导和鼓励社会力量投入乡村建设。对经营性建设项目，规范有序推广政府和社会资本合作模式，切实发挥运营企业作用。

2. 用地保障方面

完善集约节约用地政策。合理安排新增建设用地计划指标，规范开展城乡建设用地增减挂钩，保障乡村建设行动重点工程项目的合理用地需求。优化用地审批流程，在符合经依法批准的相关规划前提下，可对依法登记的宅基地等农村建设用地进行复合利用，重点保障乡村公共基础设施用地。探索针对乡村建设的混合用地模式。探索开展全域土地综合整治，整体推进农用地整理和建设用地整理，盘活农村存量建设用地，腾挪空间用于支持乡村建设。

3. 人才保障方面

强化人才技术标准支撑。加快培育各类技术技能和服务管理人员，探索建立乡村工匠培养和管理制度，支持熟悉乡村的专业技术人员参与村庄规划设计和项目建设，统筹推进城乡基础设施建设管护人才互通共享。鼓励支持企业、科研机构等开展乡村建设领域新技术新产品研发。分类制定乡村基础设施建设和运行维护技术指南，编制技术导则。建立健全乡村基础设施和基本公共服务设施等标准体系，完善建设、运行维护、监管、服务等标准。

（七）组织领导

要根据乡村建设行动的任务书、施工图，重点抓好统筹协调、清单管理、评估考核、示范引导等方面工作。

1. 强化统筹协调

按照中央统筹、省负总责、市县乡抓落实的要求，推进乡村建设行动落地实施。中央农村工作领导小组统筹组织实施乡村建设行动，建立专项推进机制，协调推进重点任务。省级党委和政府要精心组织、加强协调，及时解决推进乡村建设中遇到的困难和问题。市县乡党委和政府要把乡村建设行动作为实施乡村振兴战略的重要内容，切实担负责任，细化具体措施，确保各项建设任务落到实处。结合"百县千乡万村"乡村振兴示范创建，统筹开展乡村建设示范县、示范乡镇、示范村创建。

2. 实行清单管理

各省（自治区、直辖市）应按照近细远粗、分步建设的原则，按年度确定建设任务，细化到县（市、区、旗）。各县（市、区、旗）按照建设一批、储备一批、谋划一批要求，科学制定任务清单，建立乡村建设台账。各地综合考虑乡村建设进展情况和年度任务完成情况等，科学调整下一年度任务清单。

3. 加强评估考核

将乡村建设行动实施情况作为乡村振兴督查考核的重要内容。各省（自治区、直辖市）将乡村建设行动实施情况纳入市县党政领导班子和领导干部推进乡村振兴战略实绩考核，采取第三方评估、交叉考核、群众满意度调查等方式，确保乡村建设项目质量和实际效果。实施乡村建设评价，查找和解决乡村建设中的短板和问题。

4. 强化宣传引导

深入宣传乡村建设取得的新进展新成效，总结推广乡村建设好经验好做法，发挥示范带动作用。加强舆论引导，及时回应社会关切。编制创作群众喜闻乐见的乡村建设题材文艺作品，增强乡村建设的社会认知度。

第三章
乡村建设的思想源流

20世纪二三十年代，梁漱溟、晏阳初、黄炎培等知识分子发起救亡图存的乡村建设运动，提出文化失调与重建理论、平民教育理论、职业教育理论等乡村建设理论，在学术史上被称为"乡村建设学派"。乡村建设学派开展知识教育提升农民的发展能力，建立乡村组织培育农民的公共精神，倡导放足运动解缚女性的身体，施行禁毒禁赌净化乡村的文化环境，推广公益事业改善乡村的设施条件，实现对农民和乡村的双重改造。乡村建设学派为重建社会组织构造、探索乡村建设道路作出重要贡献，但也面临理论与实践的张力、资源条件限制等发展局限。乡村建设学派的理论和实践与乡村建设行动具有理论内核的延续性、行动理念的契合性、乡建目标的一致性以及乡建内容的承继性。

一、乡村建设的思想渊源

进入新时代，党和国家将乡村建设作为实施乡村振兴战略的重要内容，将其纳入国家现代化的建设体系和发展道路。党的十九届五中全会正式提出实施乡村建设行动，2021年、2022年中央一号文件对乡村建设行动作出具体安排。2022年5月，中共中央办公厅、国务院办公厅印发《乡村建设行动实施方案》，从总体要求、重点任务、推进机制、政策支持和要素保障、组织领导等五大方面部署了乡村建设行动的具体工作，阐述了乡村建设建什么、如何建、建成什么的实施规划，为乡村建设提供思想引领和行动指南。乡村建设承载着国家治理、社会进步、共同富裕的重要时代使命和历史任务，是新时期改善民生、实现农业农村现代化的重点社会工程。

早在20世纪二三十年代，在帝国主义的政治经济侵略和国内地主阶级的封建统治双重影响下，中国社会面临着政治、经济、文化等方面的严重侵蚀和破坏，为挽救整个国家的危机，全国各地陆续发起轰轰烈烈的乡村建设运动。乡村建设运动的发起单位有政府机构、社会团体和高校院所等，参与人员涵盖政府官员、学者、社会活动家、知识青年等，实践内容涉及平民教育、文化重建、农业生产、经济事业和社会服务等，乡建机构开展乡村建设实验的时间从几年到数十年不等，乡村建设效果因各地建设团队、资源投入、农民支持度、行动方案等不同而有所差异。

在乡村建设运动中，梁漱溟、晏阳初、黄炎培、陶行知等知识分子积极进行乡村建设理论研究，开展乡村建设实践，试图通过温和的改良主义开展救亡图存运动，从改造农民到建设乡村，从乡村建设到社会建设，以探寻国家建设的出路。正是由于这些知识分子对乡村建设的理论贡献和实践投入，他们在学术史上被称为"乡村建设学派"[1]。乡村建设学派具有代表性的乡建工作是梁漱溟在山东邹平的乡村建设实验、晏阳初在河北定县的乡村建设实验以及黄炎培等人开展的江苏乡村建设实验。梳理乡村建设学派的主要观点，呈现其乡村建设的具体实践，挖掘其乡村建设理论的当代价值，分析乡村建设运动的经验教训，可为当代乡村建设行动探索提供经验启示。

---

[1] 郑杭生、李迎生：《中国早期社会学中的乡村建设学派》，《社会科学战线》2000年第3期。

二、乡村建设学派的代表观点

乡村建设学派基于救亡图存的现实目的，深入研究中国社会失序的深层根源，致力于解决"人"和"乡村"的发展问题，注重从中国传统文化中汲取理性精神资源，并与西方的团体生活和科学技术相结合，提出开展系统化的现代教育培育农民，强调因地制宜发展乡村公益事业，倡导营造良好的社会风气和文化环境，提倡打造乡村社会生活共同体，最终实现建设国家的行动目标。乡村建设学派的代表人物梁漱溟、晏阳初和黄炎培等人在乡村建设实践中形成了较为系统的理论架构，分别从文化重建、平民教育和职业教育的理论基点思考乡村建设从何处来到何处去的问题，以此作为乡村建设的行动纲领。

（一）梁漱溟的文化失调与重建理论

梁漱溟从文化视角思考中国社会的问题根源，并寻找破局之法。梁漱溟认为西方社会是"个体本位、阶级对立"。中国是一个"伦理本位、职业分立"的社会，职业与伦理相辅相成，互相扣合。彼时，中国的社会组织构造遭到严重破坏而崩溃，整个社会陷入混乱状态，各种社会问题层出不穷，文化极度失调，究其原因在于"自毁"与"他毁"。"自毁"即"自觉地破坏"，主要指对西洋的模仿追趋和对自身固有文化的厌弃反抗，后一点尤为重要，"是破坏力中之最强者"。"他毁"是指外交、军事和国际经济竞争上的失败。[①]基于此，梁漱溟认为建设新的社会组织构造（即新礼俗）是解决文化失调、组织崩溃的关键，要建立一种超越个体家庭和家族的组织，"这个社会组织乃是以伦理情谊为本源，以人生向上为目的，可名之

[①] 梁漱溟:《乡村建设理论》，商务印书馆，2015，第28、32、61、64页。

为情谊化的组织或教育化的组织……它充分发挥了人类的精神（理性），充分容纳了西洋人的长处"①。

梁漱溟认为"团体组织发达"和"科学技术进步"是西方社会的两大长处，提出要"从理性求组织"和"从乡村入手"，从小范围的"乡村"着手，培养农民的新政治习惯（组织能力和纪律习惯）。梁漱溟认为宋代《吕氏乡约》是一种很好的地方自治制度，乡约中"德业相劝""过失相规""礼俗相交""患难相恤"的四大纲领充满了中国人人生向上的精神，把生活上一切事情包含在里边，不断增进彼此的关系。梁漱溟通过对乡约进行积极的补充改造，建立了一种新的社会组织形式和乡村礼俗，这一组织的物质载体即是乡农学校（后期改为乡学村学），依托该自治组织推行乡村建设计划，以重建一个具有道德基础的新社会。②梁漱溟认为改造后的乡约组织具有强大的社会治理功能，能够整顿乡村中很多不好的事情，如毒品问题、匪患、缠足、早婚、迷信等，以社会运动的方式倡办乡约或乡农学校，就是为了"启发一个地方的生机，让乡村腐败堕落的趋势转过来"，改善乡村的社会面貌和农民的精神风貌。

梁漱溟提出，"乡农学校实是完成中国社会改造，完成中国新文化建设的一个机关"，最终用意在于"推动社会，组织乡村"，以中国固有的伦理、道德的理性精神将分散的农民组织起来，启发农民的自觉，发挥每一个人的力量，引导农民共同商量着解决乡村事务，增强农民的集体意识和公共精神，促进乡学村学组织的持续运作。③梁漱溟关于乡学村学的组织构想，其目的都是在组织合作中

---

① 中国文化书院学术委员会编：《梁漱溟全集》第 2 卷，山东人民出版社，2005，第 309 页。
② 熊春文：《以理性复兴中国、以学校组织社会——对梁漱溟乡村建设及乡村教育思想的社会学解读》，《社会》2007 年第 3 期。
③ 梁漱溟：《乡村建设理论》，商务印书馆，2015，第 234、240 页。

构建新礼俗，重构社会制度，调整乡村社会关系，维护乡村秩序稳定，最终实现重建乡村社会。①

（二）晏阳初的平民教育理论

晏阳初的乡村建设实验以平民教育理论为指导，着眼于提高农民个人的素质，最终目标是塑造高素质的人民以实现国家与民族的振兴。晏阳初认为："中国今日的生死问题，不是别的，是民族衰老，民族堕落，民族涣散，根本是'人'的问题……中国的农村运动，担负着'民族再造'的使命。"因此，需要通过"实验的改造民族生活的教育"实现"民族再造"，这种教育"以培养民族的新生命，振拔民族的新人格，促进民族的新团结新组织为目标，以适应实际生活，改良实际生活，创造实际生活为内容"，培育适应国家建设、具有现代知识的"新民"，营造全社会民众读书识字的学习风气。晏阳初开展教育的对象是那些"中国一向被人忽视之平民"（一般指已过学龄期而不识字或已识字而缺乏常识的男女），通过教育将中国最大的富源"三万万以上的不知不觉的农民"的智慧发展起来，实现"全国人民的教育机会平等"，使他们有知识能力做平等的公民，使其自觉地参与改造建设，自动地起来推动民族复兴。在平民教育的实现上有三大步骤，一是要研究实验（关注基础性、实际性、普遍性的问题与方法），二是要训练人才（包括技术专门人才和技术推广人才），三是要表证推广（推广到全国各地），三步工作互相连锁、有序推进，才能实现农村运动的使命，达成改造民族生活的目标。②

---

① 郭占锋、黄民杰：《文化失调、组织再造与乡村建设——从梁漱溟〈乡村建设理论〉论起》，《中国农业大学学报（社会科学版）》2021年第1期。
② 晏阳初：《平民教育与乡村建设运动》，商务印书馆，2014，第87—91页。

1923年8月，晏阳初、朱其慧、陶行知等人在北京发起成立中华平民教育促进会，晏阳初任干事长。1926年，晏阳初选取定县（今河北省定州市）作为华北乡村改造实验区的中心，聘请李景汉主持开启中国历史上第一次大规模社会调查，全面掌握了定县的基础情况。定县因教育发达成为模范县，但在东亭62村的文盲调查中，随机抽样500户1752人，年龄在11岁至50岁之间，结果显示，绝对文盲1179个、半文盲74个、非文盲499个[①]，足以说明定县的文盲人数之众。晏阳初和平教会分析定县调查结果后，将中国农村落后的根源归结为"愚、穷、弱、私"四大问题。"愚"是指百分之八十的中国人民都是文盲，缺乏知识；"穷"是指最大多数人民的生活在夹缝中挣扎着，没有什么生活质量可言；"弱"指的是最大多数人民存在"体弱"问题，科学治疗、公共卫生无从谈及；"私"是指最大多数人民不能团结、不能合作、缺乏道德陶冶以及公民的训练。[②]

晏阳初积极倡导"除文盲，作新民"的实践行动，制定了十年的乡村建设实施计划，而后结合实际调整为六年计划，从识字教育出发到实现生计教育再到公民教育，以平民学校为载体对农民进行专门化、系统化、组织化、大规模的平民教育，培养具有知识力、生产力和公德心的"整个的人"[③]。在具体教育方式上，一是学校式，对青年进行形象、系统的训练，根据教具和教法的不同分为单班学校、挂图学校和幻灯学校等；二是家庭式，一方面使家庭社会化，另一方面是以全民为对象，使家庭中的男女老少，都能得到相当的教育；三是社会式，以平校毕业生的各项活动为中心，通过讲演、

[①] 李景汉：《定县社会概况调查》，上海人民出版社，2005，第72页。
[②] 宋恩荣主编：《晏阳初全集》第1卷，天津教育出版社，2005，第214页。
[③] 宋恩荣主编：《晏阳初全集》第1卷，天津教育出版社，2013，第81页。

戏剧、展览、电影、音乐等方式教育成人。平教会综合利用三大教育方式，系统开展文艺教育、生计教育、卫生教育、公民教育等四大教育，培养农民的知识力、生产力、强健力和团结力，统筹解决乡村"四大问题"，全面推进乡村建设。

（三）黄炎培的职业教育理论

黄炎培深知中国旧教育存在教育与职业分离、学校与社会脱节两大弊端，学生"所用非其所学，滔滔皆是"，认为"今吾中国至重要、至困难问题，厥惟生计"，立志通过发展职业教育，解决国民的生计问题。黄炎培将职业教育定义为"用教育方法，使人人依其个性，获得生活的供给与乐趣，同时尽其对群之义务"，他认为职业教育具有多重目的，一为谋个性发展，二为个人谋生之准备，三为个人服务社会之准备，四为国家及世界增进生产力之准备，具体包括农业教育、工业教育、商业教育、家事教育、公职教育和专业教育等六大类。黄炎培提出"大职业教育主义"，主张职业教育必须和普通教育相沟通，必须加强与职业的联络，必须和社会紧密联系，揭示了职业教育的教育本质、社会属性和平民意识，指出职业教育要与经济社会同步协调发展，以实现教育大众化的目标。[①]

1917年，以黄炎培为代表的知识分子怀抱"教育救国"的理想，成立中华职业教育社，倡导"让无业者有业，让有业者乐业"的教育理念，积极开展职业教育实践。黄炎培认为开展职业教育应遵循因地制宜、因材施教的方法，"职业教育须向职业社会里去设施"，以及职业教育应从平民社会入手等原则，通过分区立系（宜于农业教育）、指定一业（宜于手工业）、划定一区（不限职业种类）等方

---

① 林苏：《黄炎培大职业教育主义研究》，《南京师大学报（社会科学版）》2006年第6期。

式开展职业教育和职业指导。黄炎培认为乡村人口数量众多，但教育资源过度集中在城市地区，城市适用的教材、教学方法、设备、授课及放假制度等也不适用于乡村，乡村教育条件较为落后，应当更加重视乡村教育，提升农民的知识水平和职业技能。

1925年，黄炎培在太原参加会议时提出乡村职业教育方案，"就交通较便者，划定一村或联合数村，面积以三十里为度，人口以三千至五千为度"，对划定区域的经济社会情况进行全面调查，制定实施计划，开展教育实验。①1926年冬天，中华职业教育社选定当时的昆山县徐公桥为试验区开展乡村建设，1928年联合当地绅士成立乡村改进会，后期由地方自办，该社从旁督促，每月补助经费。改进会在当地采取的工作方针是"以教育为中心，而以协助解决生计问题为入手方法。遇事以农民为主体，设法引起自动，从旁加以辅导"，注重激活农民的主体性和能动性，积极推广小学及民众学校，开办农民教育馆、公园、体育场、托儿所等。②黄炎培认为，"乡村之教育，在改良其农事，而增进其知识"，要将乡村职业教育纳入整个乡村改进计划中进行，设置一些教育试验区，在制度、课程和设备上因地制宜，与城市有所差异，当务之急是在乡村设立师范学校，以充实乡村之教育，乡村建设才能更有前途。③

三、乡村建设学派的实践探索

乡村建设学派以乡村现实问题为导向，制定了详细的行动路线，以知识分子的学识优势从农民教育领域切入，扩展到对农民及

---

① 许汉三编:《黄炎培年谱》，文史资料出版社，1985，第65页。
② 李景文、马小泉主编:《民国教育史料丛刊·1064·成人教育》，大象出版社，2015，第312页。
③ 黄炎培:《职业教育论》，商务印书馆，2019，第138—139页。

其生活的系统改造,重建乡村社会的组织构造,稳固基层的社会秩序,以实现国家建设的愿景和目标。

(一)开展教育:以知识学习培育"新民"

在相对封闭落后的乡村地区,农民的文化素质较低,乡村教育的师资、场地、设备等都比较紧缺,与城市地区存在明显差距,乡村建设学派看到凋敝的乡村教育,决心发挥知识分子的专长,从农民教育做起。乡村建设学派强调通过教育改变个体农民,启发民智,增强民力。黄炎培领导的中华职业教育社在徐公桥试验区开展乡村建设,遵循"富教合一"的方针,以救国为动机,以教育为枢纽,以当地人为主角,以小康生活为目标,拓展出一条教育救国的实践路径[1],具体工作主要包括:一是散布改良种子,驱逐害虫,提倡副业;二是改进小学教育,推行义务教育;三是推行平民教育;四是实行职业指导。这些教育行动提高了农民的文化知识、生产技术和生活能力,到1934年,公立小学、私立小学和学生数量稳定增加,全区男女识字者达到1524人,占当时全区成年人口的一半以上。[2]此外,农业技术的改良增加了农业产量,农民生活水平得到提高,缓解了农民家庭的生计问题。

晏阳初及平教会开启的新民教育致力于创建全社会的教育环境,以人民全部生活为起点,以民族改造为目标,面向平民开展"四大教育":一是文艺教育,制定通用字表、基本字表和词表,采集秧歌、鼓词和民间文艺,进行《平民千字课》等课本和平民读物编辑,以及开展话剧公演、剧本编制、剧场建设、剧团训练等。二

---

[1] 小田、郝佩林:《教育救国的日常路径:对徐公桥改进试验的考察(1926—1934)》,《中国农史》2017年第1期。
[2] 朱考金、姚兆余:《"富教合一":徐公桥乡村改进实验初探》,《中国农史》2007年第4期。

是生计教育，开展农民生计训练（建实验学校、表证农家、实施推广训练），完善自助社、合作社等组织制度，改良动植物生产技术。三是卫生教育，创立保健所、保健院等卫生组织，减除天花流行病，普及沙眼与皮肤病治疗方法，开展地方病研究，训练乡村卫生人才等。四是公民教育，开展国族精神、农村自治、公民教育材料、公民活动指导、家庭式教育等研究，"养成人民的公共心与合作精神，在根本上训练其团结力，以提高其道德生活与团结生活"[1]。

乡村建设学派的教育内容全面而广泛，具有实用价值，不仅包括日常生活社交使用的文字学习，也有农业生产技术、卫生保健常识、自然科学知识、体育运动和文化艺术等方面的学习。晏阳初首创的《平民千字课》是平教会开展扫盲运动的经典读物，而后也被其他乡村建设团体仿照和借鉴。从扫盲运动的效果看，到1934年6月，定县14岁至25岁的82000名青年中，文盲已经减少到32550人，约占全体青年人数的39.7%。其中男青年的文盲率已下降到10%。扫盲成绩居全国1900多个县之冠[2]，青年农民识字率明显提升。在梁漱溟的邹平乡建中，成人教育也较为成功，提高了农村青年的知识水平，有助于他们在工作选择、婚姻缔结、家庭教育等方面获得竞争优势。

传统时期，农民从事生产劳作依靠的是世代相传的劳动经验，结合农时安排农事，只要没有天灾人祸，通常能够维持相对稳定的收成，但往往面临着高强度的劳动投入与低产量的结构性矛盾。乡村建设学派积极推广农业生产新技术和引进新品种，以提高农业生产效率，帮助农民获得更多经济收益，促进乡村整体的经济建设。虽然农民在面对新型农业生产技术和作物品种时也会有所顾虑，自

---

[1] 宋恩荣编：《晏阳初文集》，教育科学出版社，1989，第100页。
[2] 宋恩荣主编：《晏阳初全集》第1卷，天津教育出版社，2013，第5页。

身的传统观念和思维认知被这些"新事物"所冲击和打破,但他们也会在考察新品种的产量效果后逐渐接受。

(二)建立组织:以儒家伦理重建团体生活

中国的小农经济具有封闭的自给自足的地域性社会特点,农民与外部世界隔绝,村落就是他们的整个"世界"。[①]在这个世界里,农民个体家庭独立生产经营,维持着分散、平静、稳定的日常生活,践行着中国传统社会的伦理与道德。中国农村社会历来具有合作互助的传统,但这种互助是小范围、时节性和关系性的,难以形成常态化的农民互助和公共生活模式。梁漱溟认为乡村建设最要紧的就是"农民自觉"和"乡村组织",通过在邹平建立伦理情谊化的乡学村学组织,重塑农民间的互动方式,打造农民的团体生活。乡学村学由学众、学长、学董和教员四部分人构成,分别承担着立法、监督教训、行政和推动设计的角色功能。乡学村学的目标是"大家齐心学好,向上求进步",主要工作有甲乙两项,甲设成人部、妇女部、儿童部,施以其生活必需之教育,使其具备参加并改进社会的能力。乙为相继倡导本村需要的社会改良运动(反缠足、早婚等)和兴办各项社会建设事业(合作社等),以乡村生活改善和文化提高促进社会进步。[②]乡学村学的功课主要有两类,一类是识字、音乐唱歌和精神讲话等普遍性课程,另一类是因地制宜开展的自卫训练、植树造林、农业生产等针对性课程,其中包括成立短期的种棉、造林、织布、养蚕、烘茧等知识讲习班,以及林业工会、机织合作、棉花运销合作、储蓄会、禁赌等各种组织[③],最终使农民有能力参加

[①] 徐勇:《"再识农户"与社会化小农的建构》,《华中师范大学学报(人文社会科学版)》2006年第3期。
[②] 梁漱溟:《梁漱溟全集》第1卷,山东人民出版社,2005,第668、672页。
[③] 梁漱溟:《梁漱溟全集》第5卷,山东人民出版社,2005,第349—351页。

乡村事务，使乡村有生机有活力，能与外面的世界相沟通，逐渐从乡村生长出真正的团体，建立新的社会制度。

晏阳初推动的平民教育运动，致力于"培养国民的高尚道德"，使农民有公共心有团结力，有最低限度的公民常识，发展团结力量，启发民族自觉，强化农民间的组织协作，共同解决乡村建设难题。徐公桥试验区将提倡贩卖、购置或借贷等合作组织作为重点工作内容，结合农民需求成立了借贷合作社和信用合作社，向农民提供应急资金，便于其购买化肥和种子，逐渐培养农民的诚信意识和合作习惯，促进农民间的沟通与联系，增强农民的公共精神和自治能力。

梁漱溟提出，"大约在中国农民运动中，应以合作运动为主。我们想从增进他的和气，以作到生活上的种种合作"[①]。梁漱溟的农民组织化理论，将重建中国社会结构的希望寄于传统儒家的伦理情谊，强调激活中国乡土社会中农民的互助和协作传统，并将彼此间的小范围关系和情谊扩大到乡村乃至社会层面，引导农民在日常生活、农业生产、经济合作、安全自卫等情境中自觉组织起来，联合起来一致行动，形成超越个体家庭的强大团体力量。这种农民组织化试图使农民过上形同西方社会的团体生活，实现个人与集体、家庭与社会、乡村与国家的有机联结，最终促进乡村建设与国家发展。

（三）革除旧俗：以新文化重塑社会风气

乡村地区存在一些流行甚广的传统陋俗和封建迷信，带给农民极大的身体伤害、心灵负担和经济损失，成为乡村建设的一大顽疾。李景汉表达了对定县乡村丧葬费用的担忧，"在乡下办丧事，靡费

---

① 梁漱溟：《梁漱溟全集》第2卷，山东人民出版社，2005，第105页。

这么许多的钱,实在是一件应当设法改善的事情。因为有不少的家庭必须典房卖地或借贷为终身之累的"。山东邹平乡村深受旧俗危害已久,由于距离交通枢纽周村较近,每年从周村流入大量鸦片毒品,不少农民沾染吸毒恶习,引发地方治安问题。很多地方赌博流行,一些农民因赌博倾家荡产,败坏道德风气。女子缠足、早婚、买卖婚姻等陋俗在农村极为盛行,使女性遭受极大痛苦,引发大量的社会和家庭问题。[①]孙本文对农村迷信问题进行了批评,"农村人民,知识浅薄;一切行为,多含有迷信的成分。小如食饮起居,日常细故;大如生死疾病,婚嫁丧葬,均不能脱离迷信的影响……约计我国农民迷信的损失,当必甚巨。迷信之亟待破除,于此可见。"[②]

乡村建设学派的知识分子对传统陋俗深恶痛绝,认为这是危害农村秩序和农民生活的毒瘤,提倡改革乡村陋俗,营造健康的社会风气。他们对吸毒赌博和女子缠足等陋俗的改革实践获得农民的广泛支持和赞成。[③]邹平实验县使用强制性的法律手段和常态化的劝服教化方式,通过禁毒禁赌威慑地方,以改良社会风气,恢复社会秩序,虽然在实施过程中遭遇地方势力和既得利益集团的抵抗和阻挠,但最终还是克服困难坚持推行陋俗改革,及时解救深陷吸毒和赌博漩涡的农民,引导他们改掉不良习性,养成文明的生活方式。禁毒禁赌促进了农民家庭的经济积累,减少了家庭矛盾、乡邻纠纷和社会冲突,营造了安稳的社会环境。

乡村建设学派推动的放足运动为女性身体解缚,传递平等自由的价值观念,受到了农村女性的高度赞扬。在实验县政府的组织动

[①] 徐秀丽:《民国时期的乡村建设运动》,《安徽史学》2006年第4期。
[②] 孙本文:《孙本文文集》第10卷,社会科学文献出版社,2012,第51页。
[③] 李善峰:《民国乡村建设实验的"邹平方案"》,《山东社会科学》2020年第12期。

员下，放足运动取得明显效果，女性的社会地位得到一定程度的提高，女性的生活自信逐渐增强。农村妇女组织也积极参与乡村建设活动，协助乡村组织检查妇女放足情况，劝导执意缠足的妇女，在移风易俗活动宣传与实践中发挥了重要作用。[①]

乡村建设学派采取多种策略推动陋俗改革，其一，借助政府的行政力量，通过立法、颁布条例等制度规范和法律规定推行陋俗改革主张。1933年，邹平实验县政府颁布禁烟治罪条例和取缔婚姻陋俗办法，明令取缔贩毒吸毒，禁止高额彩礼、早婚、买卖婚姻等陋俗。次年，梁漱溟以实验县县长的名义发布放足令。其二，依托平民学校，组建地方宣传队伍，广泛动员农民参与旧俗改革，改善农村社会风气。山东建设研究院在招生时尤其注重"就地取材"，重点招收世代居乡的年轻人，因其"熟谙乡村情形"，方便开展工作。[②]其三，在农村倡导新文化新习俗，向农民传递新理念新思想，革新旧俗。乡村建设学派主张以"新"代"旧"，对乡村输入现代理念，提倡现代化的婚丧礼俗，推广文艺体育和农村公益活动，营造文明的乡村环境。中华职业教育社在徐公桥试验区倡导修治道路、栽植树木、增加娱乐休闲机会等行动，引导农民积极参与乡村公共事务和公益事业。

四、乡村建设学派的主要贡献与发展局限

乡村建设学派认为乡村建设是通向国家建设的必然路径，他们建构了较为完善的理论体系，设计了系统的行动方案，注重培育农民的团体生活和科学技术，亲身参与乡村建设实验，解决乡村社会

[①] 徐秀丽：《民国时期的乡村建设运动》，《安徽史学》2006年第4期。
[②] 山东乡村建设研究院等编：《山东乡村建设研究院概览 山东乡村建设研究院及邹平实验区概况》，中国社会科学出版社，2019，第14页。

的现实问题。乡村建设学派在乡村建设实践中也面临诸多局限,主要包括乡村建设学派的理论与实践存在张力、受到多种资源条件限制以及与农民的"弱信任"关系等,最终导致这场改良性质的社会实验难以持续。

(一)乡村建设学派的主要贡献

首先,乡村建设学派以"育新民"为乡村建设的逻辑起点。乡村建设学派提出乡村是中国社会的基本特征和本质属性,解决中国问题的出路在乡村,农民是乡村建设中的关键主体和核心力量,"育新民"是乡建工作的逻辑起点。晏阳初认为,民是国家的根本,乡村建设就是固本工作,"凡与人民生活有关的无不包括在内……建乡须先建民,一切从人民出发,以人民为主,先使农民觉悟起来,使他们有自动自发的精神,然后一切工作,才不致架空。"[1] 此外,梁漱溟、黄炎培等乡村建设学派知识分子,基于社会学视野的现实关怀和理论思考,也提倡以教育实现对农民的继续社会化,培育农民的现代意识和发展能力,激发农民的主体性和创造性,使农民自觉成为乡村建设的行动者。因此,无论何时,乡村建设必然要以人为核心,以人的全面发展为根本目标,回归乡村建设的初衷和目的。

其次,乡村建设学派以系统化的理论促进乡村整体建设。乡村建设学派面对农村存在的现实问题,从文化重建、平民教育和职业教育等视角出发,构建了全面系统的理论体系,为乡村建设实践提供理论指导。乡村建设学派致力于实现乡村社会的整体发展,并为此制定循序渐进的行动体系,设计全面丰富的实践内容,系统培育新农民和建设新乡村。在个体层面,从农民的文化知识到精神世界,

---

[1] 晏阳初:《平民教育与乡村建设运动》,商务印书馆,2014,第398页。

从身体解缚到心灵建设，从生计方式到生活习惯，通过持续教育和强制规训，塑造出具有现代意识和能力的"新民"。就乡村而言，经济生产、农技培训、旧俗改革、安全防卫、卫生健康、学校建设等多方并进，稳固国家建设的乡村根基。在具体改造中，定县制定了解决"愚穷弱私"四大问题的六年行动方案，采取家庭式、学校式、社会式相结合的教育方法。邹平通过乡学村学的"政教合一"的方式组织教育农民[①]，实现对乡村社会结构的重塑和再造。

再次，乡村建设学派以组织合作培育农民的公共精神。乡村建设学派认识到西方团体生活的优势所在，期望以西方之长补中国之不足，通过乡学村学、平民学校、合作社等实体机构将分散的农民组织起来，培育农民的集体意识和公共精神，转变个体家庭独立生产生活的传统模式。乡村建设学派通过塑造农民的团体生活，加强农民间的经济社会合作，增进农民间的情谊和互动，使农民发挥超越个体家庭的集合力量，齐力解决乡村的自治事务，维持稳定的乡村社会秩序。乡村建设学派为农民绘制了协作互助的新生活图景，不仅意图以此革除农民"私"的问题，而且试图重塑农民传统生活的组织模式，最终目的是重构中国社会的组织构造，探索乡村建设的发展新路。

最后，乡村建设学派以高度的理论自觉和实践韧性推动乡村建设。乡村建设学派知识分子不畏艰苦的精神值得肯定与赞扬，他们深入农村社会，了解、调查和研究农民的日常生活和生存状态，构建乡村建设的理论体系，寻找国家建设的出路，承担起知识分子的时代使命与社会责任。这也应是当代知识分子学习的模范，要到基层农村开展实践，从实践中探索解决问题的真办法，而非单纯停

---

① 李善峰：《乡村建设运动：一个社会学的考察》，《社会学研究》1989 年第 5 期。

留在思考与建言层面。晏阳初总结了从乡村建设运动中吸取的经验教训，认为开展乡村运动应当深入民间、与平民打成一片、向平民学习、与平民共同计划、从农民已知开始、在已有的基础上建设、不是迁就社会而是改造社会，以及不是救济而是发扬。[1]黄炎培也提出"公正无私，和衷共济"的行动策略，认为乡村建设的领导者要精诚团结，做出好榜样，通过"人格感化"，获得农民的信赖。[2]乡村建设学派不断总结与反思乡村建设的可行方式和实践经验，思考如何更好地与农民打交道，如何深入了解农民的生活世界和行动逻辑，与农民共同推动乡村建设，这为当前的乡村建设提供了宝贵经验。

（二）乡村建设学派的局限

其一，乡村建设学派的理论设计与乡建实践存在明显张力。乡村建设学派知识分子的优势在于进行思辨性的理论研究，善于制定系统化的行动方案，将救国理想与学术关怀融入对乡村建设的理论阐释中。但由于一些理论设计"超前"或"远离"社会实践和现实情况，产生了理论与实践的适配性问题。作为乡村建设学派代表人物的梁漱溟和晏阳初，理论著述颇丰，构建了乡村建设的理论体系和行动框架，但到基层实践后发现问题重重，很多乡村建设工作难以开展，面临理论与实践的割裂和鸿沟，存在着理论上的弱点。[3]乡村建设学派的理论设计在指导和应用于乡村实践时，缺乏理论融合实践的社会基础和实验环境，理论指引的建设行动难以按计划开展，原因在于许多乡建活动在具体实践中会产生新变化、引发新现

---

[1] 晏阳初：《平民教育与乡村建设运动》，商务印书馆，2014，第494—495页。
[2] 黄炎培：《职业教育论》，商务印书馆，2019，第149页。
[3] 鲁振祥：《三十年代乡村建设运动的初步考察》，《政治学研究》1987年第4期。

象、出现新问题,需要依靠地方性知识和经验找到解决办法,而这些乡土工作策略并未纳入理论方案,由此凸显出理论与实践的结构性张力,影响了乡村建设效果。

其二,乡村建设学派的资源条件限制。以系统改造农民生活和社会构造为目标的乡村建设实验,需要大量且长期的人员、资源和时间投入,短短数年的工作难以达到预期目标,而以知识分子为核心的乡村建设学派,缺乏持续的资源供给,面临诸多资源条件限制。而且,乡村建设学派严重依赖政府提供的实验经费,不敢触及帝国主义与封建残余的统治,并未解决农民真正关切的赋税和土地问题①,只能通过开展农民教育、礼俗改革、组织合作等工作推动乡村建设。1934年,晏阳初提出定县实验面临人才、经费、社会环境和时间等四大困难,尤其指出"这种改造民族生活的大计划,绝不会一刹那间就能成功。有此四种困难,平教运动的前途,殊可栗栗危惧"②。此外,政治社会环境的变迁也对乡村建设实验产生了决定性影响。抗日战争爆发后,全国多地的乡村建设运动被迫停止,只有晏阳初的平教会转战到重庆璧山,继续开展了长达数十年的平民教育。

其三,乡村建设学派与农民的"弱信任"关系。在与农民的关系上,乡村建设学派未与农民形成良性契合的互动方式,未能走进农民的日常生活世界,没能切身感受农民的真实需求和迫切期待,彼此间的沟通面临诸多障碍,并未建立起互通有无的信任关系。梁漱溟提出乡村建设运动而"乡村不动"的难处,"农民偏好静,我们偏好动,农民的心理'多一事不如少一事,少一事不如无事',从

---

① 郑杭生、李迎生:《中国早期社会学中的乡村建设学派》,《社会科学战线》2000年第3期。
② 晏阳初:《平民教育与乡村建设运动》,商务印书馆,2014,第101页。

心理上根本合不来"①。乡村建设学派认识到"乡村运动天然要以农民作基础力量",未能建立长期的动员和激励农民参与的机制,导致农民的参与积极性逐渐消磨和衰减。倘若农民不动,缺乏基层群众的广泛支持,乡村建设只能成为一场浩浩荡荡席卷农村的社会运动,难以实现建设国家的初衷。在改造农民生活时,乡村建设学派多以强制性的法律、条例手段变革乡村风俗习惯和生活方式,没能触动影响农民生活的深层次的礼俗传统和思维观念,忽视了农民生活的惯习性特质,使得乡村建设变成一种"折腾"农民的改造运动,引起农民的指责抱怨和抵触抗拒,导致农民陷入"新—旧"飘移的不确定状态。

五、乡村建设学派的理论与实践对当前乡村建设行动的启示

乡村建设学派的知识分子秉持挽救民族危亡的现实关怀,试图从乡村建设中探索出一条建设国家的道路,期望从基层农村生发出重构秩序的社会力量,塑造出具有现代意识和能力的新农民。受到主客观条件限制,乡村建设学派开展的乡村建设实践以失败告终,并未实现"乡建救国"的初始目标,但留下了丰厚的理论资源和经验教训,能够为乡村振兴阶段的乡村建设行动提供参考和借鉴。自精准扶贫以来,国家以前所未有的资源投入力度反哺乡村,极大改善了乡村基础设施和公共服务条件,为乡村振兴奠定了坚实的物质基础。虽然今日之中国与百年前的中国在政治、经济、社会和文化等方面存在显著差异,但乡村建设的理论脉络和内在机理是高度统一的,显现出贯通耦合的理念和价值,当前的乡村建设行动是对乡

---

① 梁漱溟:《乡村建设理论》,商务印书馆,2015,第 456—457 页。

村建设学派乡村建设理论的延续和实践的拓展。①

乡村建设行动与乡村建设学派的乡建实验具有理论内核的延续性、行动理念的契合性、乡建目标的一致性以及乡建内容的承继性，同样坚持"农民为本"的建设理念，开展农民教育与培训，改造农民的日常生活，革除乡村的传统陋俗，以重建乡村社会的秩序，推动乡村社会的现代化进程。诚然，乡村建设行动与乡村建设学派的乡建实验既一脉相承，又实现超越发展，拉开了新时代乡村建设的序幕。第一，乡村建设行动是党和国家在进入新时代的发展背景下提出的，强调"以普惠性、基础性、兜底性民生建设为重点，强化规划引领，统筹资源要素，动员各方力量"，通过持续改善农村的基础设施和公共服务体系，满足农民的美好生活需要，提升乡村宜居宜业的水平，促进乡村治理现代化。第二，乡村建设行动注重整体推进和因地制宜，明确了乡村建设的目标、任务、行动和保障等，提出全方位的重点建设内容，具体包括加强乡村建设规划、基础设施建设、数字技术融合、村级综合服务、农房质量安全、人居环境整治、基本公共服务、基层组织建设以及精神文明建设等，提升乡村的数字化、智能化、生态化和现代化水平。第三，乡村建设行动强调创新推进机制，完善任务责任、项目管理、农民参与和设施管护等机制，发挥其约束行为、规范流程、组织动员和长效维持的社会功能，解决乡村建设中责任、参与和监督等难题，促进乡村建设的有序推进和平稳运行。第四，乡村建设行动更加注重国家层面的政策支持和要素保障，通过加强投入保障、创新金融服务、引导社会力量参与、强化用地和人才支持等方式，为乡村建设行动提供持续性的政策、资金、服务和

---

① 徐庆文：《梁漱溟乡村建设理论的逻辑进路及其当代价值》，《孔子研究》2018年第4期。

人才支持，构建乡村建设行动的保障网络，确保乡村建设行动落到实处，取得发展实效。

在回顾、梳理与借鉴乡村建设学派的理论和实践的基础上，找到乡村建设的理论基点和实践坐标，可以使乡村建设理论焕发出新时代的生机，为当前的乡村建设行动提供有益启示。

（一）以农民为本

乡村建设首先是"人"的建设，需要唤醒农民的主体意识，重视农民生活世界的深层结构和行动逻辑，理解和回应农民的需求和期待，将乡村建设目标与农民的实际需要相联系，与农民的能力提升相统一，促进农民声音的有效表达。[1] 乡村建设要围绕农民的生活和发展，开展技能培训、知识教育、生产指导等实践，建立系统化、终身化和社会化的农民教育体系，培育新时代乡村建设的能动主体。在乡村建设行动中，应当回归农民本位和村庄本位，重视农民的地方性知识和生活经验，从农民的视角看待乡村建设，而非领导意志、行政指令和利益首位，更好地落实惠民政策，拒绝乡村产业的过度资本化，重建乡村社会生活[2]，打造农民宜居宜业的和美家园。

（二）培育优秀乡村文化

在乡村建设中，应当系统变革乡村社会的迷信旧俗，营造积极健康的社会环境和文化氛围，发挥传统道德规范和村规民约的社会价值，构建和谐稳定的乡村伦理秩序。移风易俗时应注重与民众生活合流，使农民养成新的思维方式、道德习惯和行为规则，形成新

---

[1] 张利明：《乡村建设行动中农民声音的有效表达与责任效力》，《探索》2021年第4期。
[2] 王晓毅：《乡村振兴与乡村生活重建》，《学海》2019年第1期。

的风俗和文化模式[①]，避免采取强制性手段改造农民的道德伦理和观念结构，以"软治理"的方式循序渐进地影响农民的内心世界。同时，将新时代的理念、价值和文化输入乡村地区，提升农民的文化素养，增强农民的精神力量，促进自治、法治和德治的融合统一，推动乡村治理的现代化转型。

（三）打造乡村生活共同体

乡村建设学派注重在乡村打造团体生活，希望通过乡学村学、合作社等正式组织将农民团结起来，培育农民的团结精神和协作能力，增强农民应对风险的集体力量。在当前的乡村建设行动中，需要持续巩固乡村的社会基础，引导农民成立以经济合作、兴趣爱好和互助关怀为纽带的乡村组织，将分散的农民通过利益、文化和情感等方式团结起来，培育具有地方特色的老年、妇女、文娱和互助组织，提升农民的集体归属感和幸福感，构建全民参与的社会生活共同体。此外，注重激发农民的共同体意识和公共精神，引导农民主动参与乡村公共事务，鼓励农民积极提供公共物品和服务，有效整合农民及其家庭的社会资源，形成整体层面的村庄社会资本，促进乡村可持续发展。

（四）构建全社会共同参与格局

理论与实践的分离，往往只会带来空洞的思考和理想的设计，而缺乏对乡村社会的清晰认知，终会导致乡村建设资源的消耗和浪费。在乡村建设行动中，知识分子、研究人员等政策提倡者要亲身参与，在进行理论研究和学术探讨的同时，也要为乡村建设提供专

[①] 察应坤：《村级治理中革新力量与风俗的博弈——以翟城新政迎神赛会停办风潮为例》，《民俗研究》2022年第5期。

业智慧，从实践中发现理论议题与现实问题，寻找解决问题的有效方式。此外，需要因地制宜分类制定中长期的乡村发展规划，积极吸纳市场主体、社会组织等公共力量，拓展资源、知识、技术和人才有序进入乡村的渠道，形成全社会共同参与的乡村建设格局。所有参与乡村建设的实践主体，应当摒弃功利主义和形式主义的结果导向，在乡村建设行动中充分发挥自身优势，与农民建立深厚的信任关系，全力为乡村建设提供资源保障，推进乡村建设事业稳步发展。

第四章
乡村建设的原则

《乡村建设行动实施方案》明确规定，乡村建设行动要严格以习近平新时代中国特色社会主义思想为指导，坚持农业农村优先发展，把乡村建设摆在社会主义现代化建设的重要位置。乡村建设是个大课题，深入实施乡村建设行动，需要遵循一定的原则，唯有如此才能切实促进乡村科学有序发展。乡村建设具体包括六项原则：尊重规律、稳扎稳打，因地制宜、分类指导，注重保护、体现特色，政府引导、农民参与，建管并重、长效利用，节约资源、绿色建设。各地应全面准确把握以上六项原则，努力让乡村具备更好生活条件，建设宜居宜业和美乡村。

一、尊重规律、稳扎稳打

在乡村建设行动中，应顺应乡村发展规律，合理安排村庄建设时序，保持足够的历史耐心，久久为功、从容建设。同时，各级领导干部应牢固树立正确的政绩观，把保障和改善民生摆在首要位置，防止刮风搞运动，防止超越发展阶段搞大融资、大拆建、大开发，牢牢守住防范化解债务风险底线。

（一）顺应发展规律，安排建设时序

规律是事物及其发展过程中本质的、必然的、稳定的联系，决

定着事物发展的根本方向。我们只有科学地认识、把握和顺应乡村发展规律，才能按照规律更好地建设乡村、发展乡村。习近平总书记在十九届中共中央政治局第八次集体学习时强调，必须尊重乡村建设的客观规律，既要做好顶层设计、制定好远景规划，又要总结好基层的实践创造，逐步实施好短期目标规划。这一重要论述为乡村建设行动提供了重要指引。

1. 统筹城乡关系，实现协调发展

中国的城乡关系经历了一个从城乡二元结构到城乡融合发展的演进过程。现阶段，我国城乡发展不平衡问题依然突出，而解决这一问题的关键在于顺应城乡发展规律，走城乡融合发展之路。这是符合城乡关系发展一般规律的，也是符合中国特色社会主义发展规律的。唯有顺应城乡发展规律，走城乡融合发展之路，逐步建立城乡融合、互促共进的体制机制和政策体系，才能有序推进乡村建设行动。

城乡融合发展是将乡村和城市放在同等地位，全面推动城乡经济、社会、文化和生态等领域的制度并轨、体制统一，加快城乡要素市场一体化，使公共资源在城乡之间均衡配置，生产要素在城乡之间双向流动，生产力在城乡之间合理布局，治理资源在城乡之间科学调配，充分发挥城乡各自的功能，形成工农互促、城乡互补、全面融合、共同繁荣的新型工农城乡关系。[①]

推进城乡融合发展，要充分发挥政府和市场的作用，重塑城乡关系，实现城乡协调发展。在方法上，要把城市和乡村作为一个统一整体，促进城乡在规划布局、要素配置、产业发展和公共服务等

[①] 金三林、曹丹丘、林晓莉：《从城乡二元到城乡融合——新中国成立70年来城乡关系的演进及启示》，《经济纵横》2019年第8期。

方面相互融合且共同发展。^① 在政策要求上,城乡融合发展强调农业农村优先发展,公共资源的配置更多向乡村地区倾斜,推进城乡要素实现双向流动和平等交换。

实施乡村建设行动,应走城乡融合发展之路。我国农村各地情况千差万别,各地发展基础也不尽相同。要根据不同村庄的现实状况、地理位置和特色优势等,遵循城乡发展规律,因地制宜、精准施策,扎实稳步推进乡村建设行动。

2. 遵循建设规律,做好乡村规划

我国农村土地面积占全国土地总面积的比重比较大,要想解决用地紧张问题,改善人民生活条件,就必须重视对乡村用地的规划,做好乡村建设规划。^② 我国政府历来重视乡村规划建设,不断探索符合当下实际的发展路径。

首先,要做到因地制宜。乡村规划要突出地域特色,保留乡土味道,严防套用城镇规划方案,脱离乡村实际。我国的乡村数量众多,由于地理条件、自然环境和发展历史等因素的影响各不相同,乡村建设规划应因地制宜,根据村庄实际状况科学编制规划方案,体现传统文化传承与现代化发展的有机融合。例如:在旅游型的农村,就要保护当地的古建筑,不能造成破坏,而对于现状条件较差的农村,就要进行彻底整改翻修。^③

其次,要加大资金投入。对乡村进行规划建设是耗费人力、物

---

① 金三林:《深刻认识推进城乡融合发展的重大意义》,《中国经济时报》2019年5月7日第4版。
② 李畅:《基于美丽乡村建设背景下的乡村休闲旅游发展路径探索》,《农村经济与科技》2020年第6期。
③ 陆壹东、王政武:《乡村振兴战略背景下新时代"三农"发展路径分析》,《经济与社会发展》2019年第5期。

力、财力的事情，很多工作离不开资金和设施。[1]只有加大资金投入，完善乡村基础设施建设，才能保证乡村规划建设顺利进行。为了使乡村建设形成多元参与机制，不能仅仅依靠政府进行输血，还要引入社会资本，使乡村建设能够符合市场要求，实现乡村持续稳定发展。

再次，要尊重农民需求。对乡村进行规划建设，是为了提高乡村居民的生活质量。在对乡村进行规划建设时，要提前了解当地村民的需求，真正做到以人为本，为人民服务。同时要尊重村民意见，形成群众参与机制，让乡村建设规划在村民的监督和参与下进行，使村民参与到乡村建设中来，进而真正感受到乡村建设行动的成果。

最后，要做到科学统筹。在开展乡村建设行动之前，应当对当地的地形地貌、自然资源、经济情况等进行系统的调查和研究，在此基础上进行科学统筹和规划，使其能够展现整个地区特点，并带动整个地区的发展。[2]鉴于乡村建设主体的多样性，以及土地权属关系的复杂性，必须采用自上而下与自下而上的双向互动方式，不断提升规划实施的韧性，同时还应采用划定弹性用地和预留白地的方法，为村域产业和设施用地预留一定的发展弹性，为村庄产业发展预留空间，实现传统村落保护与发展相结合。唯有科学统筹好局部与整体、当前与长远的关系，才能更好地推进乡村建设科学有序发展。

---

[1] 郭建波：《新农村建设背景下农村经济发展路径分析》，《农家参谋》2020年第16期；郭绯绯：《美丽乡村规划理念研究》，《乡村科技》2018年第19期。
[2] 肖刚：《未来中国城市现代性地域主义暨环境友好型规划设计》，中国建筑工业出版社，2013，第73页。

3.聚焦生态发展，建设宜居家园

习近平总书记强调，"绿水青山就是金山银山"，保护生态环境就是保护生产力，改善生态环境就是发展生产力。实施乡村建设行动必须遵循生态发展规律，要做到顺应自然、尊重自然和保护自然，持续推进乡村人居环境整治。建设美丽乡村要以实现城乡一体化发展为战略，以促进农业生产发展、人居环境改善、文明新风培育为目标，以农村环境整治为突破口，建设"生态宜居、生产高效、生活美好、人文和谐"的美丽乡村。

实现乡村生态宜居的一大关键在于构建起人与自然、经济发展与环境保护之间的和谐关系。一方面应遵循"谁污染，谁治理"原则，利用行政手段建立完善的规章制度。建立完善的村民参与制度，让村民享有知情权，充分结合村民实际需求开展乡村生态宜居建设。[1]另一方面应增强村民的生态环保意识，提升他们对乡村生态保护重要性的认识，从而调动村民参与乡村生态环境保护的积极性与主动性。

此外，乡村生态宜居建设作为一项复杂的系统工程，离不开大量、长效的资金支持。因此，政府可引入以工代赈、先建后补等形式，为乡村垃圾处理、污水处理、村容村貌治理等提供有力资金支持；还可鼓励社会资本参与乡村生态宜居建设，加强与农村信用社等机构的交流合作，有效拓宽乡村生态宜居建设资金渠道，推动社会资金灵活机动地参与乡村生态宜居建设。

（二）树立正确导向，护航乡村建设

乡村建设是实施乡村振兴战略的重要任务，也是国家现代化建

---

[1] 耿言虎、夏涛：《安徽省美丽乡村生态文明建设：成效、挑战与应对》，《河南工业大学学报（社会科学版）》2021年第2期。

设的重要内容。与乡村人居环境整治相比,乡村建设的内涵更加丰富、要求更高,不仅包括水、电、路、网等基础设施的完善,还包括农村基层党组织建设和农村基本公共服务提升等。能否尊重乡村发展规律,能否保障和改善民生,能否优先解决好农民群众反映强烈的问题,关键还得看党员干部有没有以正确的政绩观为导向。

1. 坚持实事求是,增强责任意识

习近平总书记指出:"领导干部对党和人民事业肩负着光荣而重大的领导责任,始终贯彻执行党的实事求是的思想路线,对于推动科学发展、促进社会和谐至关重要。各级领导干部要把实事求是贯彻到领导工作全过程,自觉做坚持实事求是的表率。"[1]在乡村建设行动中,各级领导干部要始终坚持实事求是原则,开启乡村建设的新篇章。

坚持实事求是原则,就是要脚踏实地,勤奋办事。脚踏实地,就是要求领导干部在工作中不虚浮、不说大空话,做事情认真而富有强烈的责任心。勤奋办事,就是要求领导干部在现实工作中全心全意为人民着想,为人民办好每一件事。领导干部要在清楚认识我国实际国情的基础上,始终为广大人民群众着想,增强自身的责任意识,认真完成自己的任务,充分发挥坚持实事求是的表率作用。

坚持实事求是原则,就是要坚决摒弃形式主义和官僚主义。在乡村建设行动中,各级党员干部特别是党员领导干部,要深入基层踏踏实实开展调查研究,在全面准确把握乡村的资源优势、短板弱项和群众需求等情况的基础上,科学合理地做好规划,既不因

---

[1]《中央党校举行春季学期第二批入学学员开学典礼 习近平出席并讲话》,《光明日报》2012年5月17日第3版。

循守旧，也不超越发展阶段。要坚持按客观规律办事，决不大搞劳民伤财的政绩工程，防止出现地方发展的"大手笔"沦为"大败笔"。

2.突出建设主体，激发参与动力

以人民为中心的发展思想是在新时代背景下以"发展"为主题，重点突出"人民"主体地位的思想。这一思想在对中国特色社会主义建设经验总结的基础上科学地回答了中国特色社会主义发展为了什么、发展依靠什么、发展成果由谁享有三个基本问题。其基本内涵主要包括三个方面，即发展为了人民、发展依靠人民以及发展成果由人民共享，三者之间是相互联系、相互支撑和相互促进的关系。

实施乡村建设行动必须坚持以人民为中心，做到发展为了人民，发展依靠人民，发展成果由人民共享。随着时代的进步，人们的需求范围更加广泛且多样化。各地在进行乡村建设行动时，应坚持以人民为中心，充分尊重农民的主体地位，提高农民的积极性和参与性，让他们主动投身到乡村建设中来，不断激发他们的创造性和自主性，为乡村建设提供源源不断的动力。

乡村建设的主体是农民群众，因此实施乡村建设行动必须紧紧依靠广大农民的参与。任何需要群众参与的工作，如果没有群众的自觉性和意愿，就会因徒有形式而失败。[1] 没有农民的积极参与，乡村建设只会成为形式主义，无法实现真正的振兴。[2] 为提高广大农民群众的参与度，必须提高他们的物质生活和精神生活水平，这样才能让农民群众获得充分的安全感和幸福感。

[1] 习近平：《习近平谈治国理政》第三卷，外文出版社，2020，第15页。
[2] 习近平：《之江新语》，浙江人民出版社，2007，第90页。

3.区分潜绩显绩,展现担当作为

政绩观直接反映干部从政的价值取向,为各级领导干部创造政绩奠定思想基础。因此,树立正确的政绩观,是各级领导干部从事相关工作的重要前提条件。习近平总书记关于树立和践行正确政绩观的重要论述纠正了部分领导干部对政绩观的片面理解,强调要为民办事、为民造福,实事求是、务求实效。

从内部构成看,政绩分为"显绩"和"潜绩"。"显绩"是指在短期内能见效、可以量化的业绩。潜绩则是指那些具有长期性、难以直接量化的成绩。二者虽指向不同内容,但在本质意义上都是政府绩效,是一种辩证统一的关系,"潜绩"是"显绩"的基础,"显绩"是"潜绩"的结果。因此,只有坚持"显绩"与"潜绩"同步推进,才能有效推动工作。

当前,乡村建设行动正在如火如荼推进,因此需要以为民造福的政绩观保驾护航。要加快建立科学的考核评价体系,提高"潜绩"在政绩考核中的占比,考准考实工作实绩,引导领导干部正确处理进和稳、实和虚、远和近的关系,克服形式主义和官僚主义,积极为乡村建设做贡献,努力在乡村振兴大舞台上展现担当作为。

二、因地制宜、分类指导

乡村建设要同地方经济发展水平相适应,同当地文化和风土人情相协调,结合农民群众实际需要,分区分类明确目标任务,合理确定公共基础设施配置和基本公共服务标准。根据村庄的不同类型,做到科学论证并合理规划,确定哪些村保留、哪些村整治、哪些村缩减、哪些村扩大,不搞齐步走、"一刀切",避免在"空心村"无效投入、造成浪费。

（一）主动因地制宜，科学统筹谋划

乡村社会不同于城市，不能以城市发展模式来替代乡村社会发展逻辑，应将二者区别对待。因地制宜实施乡村建设行动能为广大农民创造更美好的生活并吸引乡村人才回流，推动乡村长远发展。在具体实践过程中要充分考虑到乡村和城市的差异性，按照乡村实际情况进行科学谋划，打造本地"特色"，因地制宜地开展整体性建设。

1. 坚持立足实际，突出地域特点

整体而言，我国乡村地区的经济发展、人民生活、文化建设以及民主法治等各方面均已经达到一定水平。在开展乡村建设行动时，应综合考虑国家总体发展情况和村庄的产业基础、经济发展、文化特色和风土人情等实际情况，使乡村具备独特的文化内涵、舒适的生活环境、现代化的特色产业，进而探索因地制宜、特色化的发展路径，避免"一刀切"。

坚持从实际出发，要同村庄的经济发展水平相适应。我国农村各地区情况各不相同，这就要求各地在开展乡村建设行动时，坚持从实际出发，充分考虑村庄的经济发展情况。经济发展是乡村发展的基础，而产业兴旺则是经济发展的主要动力。"产业兴旺是乡村振兴的重点，是实现农民增收、农业发展和农村繁荣的基础"[1]。在实施乡村建设行动时，发展特色产业是关键一步，应坚持从乡村实际出发，做到因地制宜且突出特色。

坚持从实际出发，要同村庄文化和风土人情相协调。实施乡村建设行动，必须注重过程的质量和实效，以普惠性、兜底性民生

---

[1] 刘雷、宋吉贤、赖齐贤：《乡村振兴背景下农业产业规划方法浅析》，《浙江农业科学》2020 年第 2 期。

建设为重点，逐步使农村基本具备现代生活条件。除此之外，还应落实中央文件的指示精神，注重农村环境整治和农村田园风貌的保护，突出乡土风味，强调地域特点，促进人与自然和谐共生，推进村庄形态与自然环境融为一体。

2. 尊重农民需求，实现适宜规划

根据美国心理学家马斯洛的需求层次理论，人类的需求像金字塔一样从低到高按层次分为生理需求、安全需求、社交需求、尊重需求和自我实现需求。[①]习近平总书记提出："我们的人民热爱生活，期盼有更好的教育、更稳定的工作、更满意的收入、更可靠的社会保障、更高水平的医疗卫生服务、更舒适的居住条件、更优美的环境，期盼孩子们能成长得更好、工作得更好、生活得更好。"[②]这些需求是包括农民在内的广大人民群众所共同追求的，但是由于经济发展水平相对落后，生活水平相对低下，相比于城市居民来讲，农民对于上述需求的表达尤为强烈。

农民对于乡村发展的意愿，大多是基于自身生产生活情况而产生的，在一定程度上反映了乡村发展的实际状况。[③]本书将农民需求划分为增收需求、民生需求、宜居需求、精神需求和参与需求，其中增收需求是增加经济收入的需求，民生需求是日常生活方面的需求，宜居需求是对于乡村人居环境的需求，精神需求是对于精神文化生活的需求，参与需求是参与乡村建设和治理的需求。

将需求引入规划进程，核心问题是在需求调研的基础上建立有

[①]［美］亚伯拉罕·马斯洛:《动机与人格》,马良城译,陕西师范大学出版社, 2010,第98页。
[②]习近平:《人民对美好生活的向往,就是我们的奋斗目标》,载中共中央文献研究室编《十八大以来重要文献选编》(上),中央文献出版社,2014,第69—70页。
[③]李开猛、王锋、李晓军:《村庄规划中全方位村民参与方法研究——来自广州市美丽乡村规划实践》,《城市规划》2014年第12期。

效的关联机制，以求最大限度地满足需求，实现规划适宜性。[①] 以农民需求为导向，强调在乡村建设行动中要尊重农民意愿，以乡村现实情况为切入点，重点突出乡村产业发展、公共设施建设、人居环境改善、文化建设以及乡村治理等方面。

3. 坚持精准施策，提高发展能力

因地制宜精准施策，是推进乡村振兴的内在动力，也是开展乡村建设行动的主要方式。乡村建设是一项复杂的系统化工程，要按照因地制宜的原则，制定地方具体发展规划。如何把中央精神和地方实际结合起来，因地制宜实施乡村建设行动，是摆在我们面前的一项重大任务。在乡村建设行动中既要充分借鉴各地成功经验，又要不拘泥于个别典型，严格做到因地制宜精准施策。总结发展成效显著的乡村建设经验，概括出多样化的建设路径，有利于探索出各具特色的乡村建设模式。

因地制宜精准施策，要求在乡村建设中做到凸显特色。在实施乡村建设行动中，应科学把握乡村的差异性和多样性，因村制宜、分类施策。可以根据当地的自然条件、民俗文化、产业基础等特色，将乡村的自然景色、人文景观和历史文化等结合在一起，大力发展当地的特色产业，从根本上整体提高乡村的发展能力。同时，要充分发掘乡村风貌和乡土风情，在保护好传统村落和建筑的基础上，把体现村庄特色写到乡村建设规划编制中。

因地制宜精准施策，要求在乡村建设中做到精准精细。乡村建设是一项民心工程，要做到具体问题具体分析。地处城市近郊的村庄，可以走城乡融合的路子，实现基础设施和公共服务共建共享；

[①] 刘佳燕：《面向当前社会需求发展趋势的规划方法》，《城市规划学刊》2006年第4期。

产业化、社区化优势明显的村庄，可以走产城融合发展的路子，实现产业加速发展；特色保护类村庄可以走传承和弘扬优秀传统文化的路子，重点是保护好传统文化、传统建筑和传统遗迹等。

（二）明确目标任务，重视改造提升

《乡村建设行动实施方案》提出，到2025年，乡村建设取得实质性进展，农村人居环境持续改善，农村公共基础设施往村覆盖、往户延伸取得积极进展，农村基本公共服务水平稳步提升，农村精神文明建设显著加强，农民获得感、幸福感、安全感进一步增强。方案围绕加强农村公共基础设施和基本公共服务体系建设，提出了12项重点任务，在道路、供水、能源、物流、信息化、综合服务、农房、农村人居环境等方面实施八大工程，加强农村重点领域基础设施建设。

1. 完善基础设施，健全标准体系

村庄规划对每个村庄的建设至关重要，在进行村庄规划时应做到科学合理，这样才能在实际工作中发挥引领作用。但有些村庄并没有重视此问题，没有考虑规划的科学性和合理性。在农村公共基础设施建设的具体落实中，存在明显的城乡差异。

农村公共基础设施是为农民生活提供公共服务的基础设施，主要包括公共教育、医疗卫生、文化体育、社区服务和商业金融等设施。作为国家的重点建设领域，农村公共基础设施已成为推进乡村振兴和实施乡村建设行动的重要内容。在实际工作中，要抓紧对农村公共基础设施的数量、质量和覆盖范围等作出明文规定，建立健全农村公共基础设施的标准体系，出台关于新型产业（例如农村物流、快递下乡等）公共基础设施的政策，以保证广大农民群众的日常生活。

农村公共基础设施的标准化建设是一项重要的基础性工作。要根据农民对农村公共基础设施需求和农村公共基础设施的发展，加快构建关于农村公共基础设施规划、建设、管理和维护的标准体系框架，明确需优先制定的重要标准。同时，还要注重农村公共基础设施的标准化建设，提升和改善农村公共基础设施的管理水平，提高农村公共服务设施的利用率。

2. 严格把控质量，优化服务供给

随着我国经济社会的发展，人们对美好生活的需求已经发生变化。提高农村公共基础设施和基本公共服务的质量，缩小城乡之间的差距，是推进乡村振兴战略的重要内容，也是实施乡村建设行动的关键。优化农村基本公共服务供给，是破解城乡二元结构的重要手段。早期的城乡二元结构对城乡发展一体化造成了阻碍，乡村和城市在公共服务的供给质量方面仍然存在一定差距。

农村基本公共服务供给水平落后已成为制约乡村建设的短板。我国农村基本公共服务在供给方面存在一些问题：一是农村基本公共服务主要依靠政府力量，供给主体单一；二是农村基本公共服务的供给数量和质量不高；三是农村基本公共服务的供给和农民需求存在差距，一定程度上影响了农民对公共服务的满意度。

为更好地提高农村基本公共服务的服务质量和服务能力，国家应进一步完善供给体系，优化农村基本公共服务供给：一是构建政府主导，市场、社会等多方力量参与的农村基本公共服务供给主体，提高农村基本公共服务的供给质量；二是加快城乡融合发展，提高农村基本公共服务水平，满足广大农民的需求；三是精准了解农民需求，调整农村基本公共服务供给的重点，同时还应注重农村公共基础设施硬件和软件水平的提升。

3. 加大整合力度，强调多元投入

我国农村地域广阔，各个地区农村公共服务的供给和农民的需求各不相同。要加大整合力度，更好地满足农民对农村基本公共服务的多样化需求，除了依靠政府加大投入外，还应积极发挥市场机制、社会力量、基层组织和农民的作用，逐步完善多元化投入机制。

政府应发挥主导作用，发挥制度优势，确保农村基础设施建设和社会保障服务等方面的兜底性供给，满足农民对基本公共服务的需求。在乡村建设行动中，应结合农民反馈的实际情况，合理筹划制定有关农村基本公共服务工程的各项计划，并定期考核和验收。基层政府要向上级有关部门真实汇报本地农村基本公共服务的供给情况，进一步加大对农村基本公共服务的投入力度。

各职能部门应积极配合，协商制定具体的实施方案和长效的管护机制。同时，各职能部门之间应加强沟通交流，将农村基本公共服务的供给目标进行量化和细化，为农村基本公共服务供给提供坚实保障。除此之外，也要积极动员社会力量，拓宽农村基本公共服务的供给渠道，实现参与主体的多元化，不断提升服务水平。

三、注重保护、体现特色

传统村落是中华文明的重要载体，是乡村的独特类型。在乡村建设行动中，应注意传承保护传统村落民居和优秀乡土文化，突出地域特色和乡村特点，保留具有本土特色和乡土气息的乡村风貌，防止机械照搬城镇建设模式，努力打造各具特色的现代版"富春山居图"。

（一）保护传统村落，实现科学发展

党中央、国务院高度重视传统村落的保护和发展。习近平总书记亲自到湖南十八洞村、河南田铺大塆村、陕西杨家沟村等传统村落考察调研，反复强调"把传统村落改造好、保护好"[①]。《中华人民共和国国民经济和社会发展第十四个五年规划和2035年远景目标纲要》、2021年及2022年中央一号文件、《乡村建设行动实施方案》等都对保护传统村落进行了部署，要求"保护传统村落、民族村寨和乡村风貌"[②]。传统村落的保护与发展是乡村建设的重要组成部分，二者有机统一。只有在保护中兼顾发展、在发展中兼顾保护，才能真正保护和发展好传统村落。

1. 确定村落布局，保留村庄特色

我国传统村落的形成具有地域性特征，村落的选址和布局与周边环境相依相融。传统房屋作为传承传统村落文化的重要纽带，其形态、高度、院落空间布局等都与自然环境和谐共生，充分体现了我国古代"天人合一"的传统生态观念。因此，在发展和保护传统村落的过程中，应对其村落布局进行保护，延续传统村落风貌的真实性与完整性，按其历史文化价值和保存情况进行分区分类保护。

随着城镇化进程的加快，传统村落应根据建筑功能采取相应的整治和改造措施，使之与村落布局整体融合。同时，还应加强对村庄原有自然肌理的保护和延续，保留村庄原有的空间尺度和村落景观，开辟绿化用地和修葺活动场地。传统村落在新建时需注意控

[①]《习近平在河南考察时强调　坚定信心埋头苦干奋勇争先　谱写新时代中原更加出彩的绚丽篇章》，《人大建设》2019年第10期。
[②]《中华人民共和国国民经济和社会发展第十四个五年规划和2035年远景目标纲要》，《人民日报》2021年3月13日第14版。

制体量与把握尺度，保证村落后期环境适宜、布局合理且交通体系完善。

对于传统村落民居的保护修缮，应坚持整体性原则。在综合考虑村落整体环境和地域文化景观的同时，还应保护其原有建筑的历史特点和基本格局，合理采用传统建筑材料与工艺，最大限度地保留其历史的"原真性"，做到"修旧如旧"。建筑的新建和改建等活动均应尊重村落整体空间布局，不能破坏原有的格局和肌理；对与村落传统风貌不协调的建筑，要采取相应的整改保护措施，以维持传统村落特色风貌。

2. 加强产业融合，带动村落发展

改革开放以来，随着经济社会的发展，新生代农民已不再认可农村传统的面朝黄土背朝天的生活方式。传统村落人口特别是农村青壮年劳动力不断"外流"，造成村落人口结构失调，土地闲置荒废，村落人口老龄化，留守在农村的大多数都是老人、妇女和儿童，造成了农村的"空心化"现象。村落需要与之相适应的生产和生活方式来维持，然而"空心化"所带来的村落凋敝、记忆消失、文化流失等问题已成为一个不争的事实。[1]

传统村落往往以农耕为主，由于大多数传统村落在山区，规模农业很难发展起来，经济上必须发展特色产业。在城乡一体化的大背景下，特色农业产品、优质农业产品、生态农业产品在市场上已经为大众所接受和认可。因此，传统村落的营造，也要围绕传统特色、地域特色、乡土特色等进行更深层次的改造，以促进乡村建设的可持续发展。

---

[1] 罗康智、郑茂刚：《论乡村振兴主体的缺失与回归》，《原生态民族文化学刊》2018年第4期。

针对传统村落自身具有的人文特色或自然环境，应因地制宜发展乡村特色产业，以产业兴旺带动传统村落的保护与发展。村落应梳理自身农业生产条件，活态利用乡村特色文化资源，发挥人文资源禀赋优势，推动一、二、三产业融合，以形成"农业＋文创＋旅游"融合发展的新发展模式，促进产业结构优化，拓宽村民增收渠道，推进乡村建设。同时，要依托各传统村落独特资源，在保持历史、文化和产业价值完整性的基础上，深入实施"一村一品"行动计划，避免"千村一面"，通过产业兴旺促进传统村落有效保护、特色发展。

3.培育引进人才，提高管理水平

乡村人才队伍建设面临着数量少、老龄化、学历低、难留下等问题，造成这些问题的根本原因在于乡村的基础设施及环境无法满足人才的核心需求。而村民是传统村落可持续发展的核心动力，村民的文化与技术决定了村落的发展。因此，注重村民的综合素质的培养，针对村民开展教育培训，提高村民的文化素质与职业技术，使其有能力参与到传统村落的建设中，是乡村建设的关键所在。

传统村落面临的另一个突出问题是专业管理人才的匮乏。当前，随着城市化进程的加速，传统村落在逐渐消亡。在保护传统村落的过程中，需要建立一支高素质的专业管理人才队伍，提高传统村落的保护水平。当地政府应出台相应办法，注意发挥人的主观能动性，激发乡村人才活力，培育一批多元化的乡村实用技术和管理人才。

在培育本土人才的同时，还应注意引进外来人才，为村落建设凝聚力量。"落叶归根"是中国传统文化的体现，许多城市人都来自农村，或者他们的祖辈来自农村。因此，他们有着浓厚的乡土之情，也愿意回到乡村，为乡村建设建言献策，为传统村落的保护和发展提供各种有效的建议和途径。传统村落发展需要各类型人才，仅仅依靠乡村自然形成的人才队伍和回乡人才是远远不够的，还需要完善人才激励和保障制度来推动人才下乡，尤其是引进与传统村落保护与发展相关的人才，以更好地保护和发展传统村落。

（二）激活文化基因，促进内生发展

习近平总书记指出："中华民族在几千年历史中创造和延续的中华优秀传统文化，是中华民族的根和魂。"传统村落是中华民族宝贵的历史遗产，是具有民族风格和独特地域特色的乡土文化，具有一定的历史、文化和社会价值，激发传统村落的内生动力，调动村民参与保护传统村落的积极性，对乡村建设行动的开展至关重要。

1. 传承传统文化，增强村民认同

乡村文化是我国传统文化的重要组成部分。乡村传统文化根植于乡村，是村民在经年累月农业生产生活中形成的体现其价值观的传统文化。村落文化具有民族性，是先辈几百上千年的文化积淀。村民对传统村落文化的认同蕴藏于当地的价值观念、习俗和日常生活中，对乡村建设发挥着极为重要的作用。

传承乡村优秀传统文化，是推动乡村建设的重要内容。习近平总书记在党的十九大报告中明确指出："中国共产党从成立之日起，既是中国先进文化的积极引领者和践行者，又是中华优秀传统文化的忠实传承者和弘扬者。"当前，中国特色社会主义进入新时代，大力弘扬和传承中华优秀传统文化，是实施乡村建设行动的重要动力。

优秀传统文化传承与发展面临的困境，与缺乏专业人才有着很

大关系。政府可通过加强乡村地区的基础设施建设和改善居住环境，吸引人才回流；还可通过公开选拔，招募一批具备专业素养、热心传统文化事业的可靠人才，配齐配强管理人员。除此之外，政府还应提高村民对乡村文化重要性的认识，倡导村民投入到优秀传统文化保护的行动中。

2.挖掘文化特质，打造特色品牌

我国传统村落的文化不尽相同，且各有特色。在传承保护传统村落民居和优秀乡土文化的过程中，应注意挖掘村落文化中的特色文化，重点保护具有高度审美价值和传承价值的文化，扩大村落特色文化的影响力。在挖掘传统村落文化特质的过程中，应认真梳理传统村落历史文化和社会发展脉络，深入挖掘传统村落蕴含的农耕文化、红色文化和民俗文化等，并将其加以整合，发掘特色经济价值，塑造地域文化特色，推进乡村建设。

在挖掘村落特色文化的过程中，要注意做到合理适度，防止因过度开发对传统村落文化造成破坏，还要通过挖掘来保护、传承和弘扬优秀的特色村落文化，而不是单纯将其转化为经济效益。同时，应立足村史村情深入挖掘传统文化资源，结合村庄的文化特色和产业特色，将文化资源转化为文化产业优势。乡村文化振兴不是简单的文化堆砌、照搬照抄，而是要立足于乡村自身情况，挖掘本地文化资源，凸显本地区域文化特色，将区域特色文化资源与村民消费需求相结合，打造独具特色的乡村文化品牌。

此外，保护发展传统村落还要充分发挥村民主体作用。尊重村民在传统村落中的主体地位，遵循民众参与原则。传统村落的保护与传承，需要村民的深度参与。通过进一步挖掘传统村落的文化内涵和历史价值，调动村民参与保护传统村落的积极性，促使村民在村落文化的保护与传承中产生自豪感，在一定程度上增强村民保护和传承村落文化的责任感，从而实现保护与发展相结合，推进传统村落的可持续发展。

3. 凝练乡土情结，激发内生动力

费孝通在《乡土中国》中描述我国农村是以血缘关系为主轴，以宗法群体为本位，依赖伦理道德和传统人际关系来维持秩序的差序格局结构。乡土文化是维系乡村精神的纽带，乡村内生发展要根植乡土乡愁、凝练乡土情结，以深深的乡情自觉激发乡村振兴内生动力。[①] 基于乡土文化根植的乡村内生发展，应将村民作为参与乡村发展的主体力量，提高村民的文化认同尤其是乡土文化认同，在意识层面激活村民的主体性，强化村民的归属感，激发村民在乡村发展中的参与意识，从而为乡村发展注入源源不断的内生动力。

乡土情感是一种复杂的情感综合体，它体现了村民对村落独特的理解与专属记忆，能够使村民自觉遵守村规民约，主动参与乡村治理，为传统村落的保护与发展积极贡献力量。习近平总书记强调，要"记住乡愁"。这里的"乡愁"既是乡土文化，更是乡土情结。以乡愁为基因、以乡情为纽带，激活乡村文化，培养新型村民，对于推动乡村主体的回归，激发乡村建设的内生动力发挥着重要作用。

政府可通过提供高质量的公共服务满足村民的生活需要，增强村民的幸福感和对村落的认同感。同时还可通过寻根、祭祖等仪式，唤起村民对村落的归属感，从整体上提高村民的凝聚力与向心力，进而带动传统村落的整体发展。同时，还应响应党中央培育和发展"新乡贤"的号召，唤起在外工作的乡村精英的乡土情感，激发他

[①] 汪漪、刘金峰：《乡村振兴视角下乡村文化的社会治理功能及实现机理》，《黑龙江工业学院学报（综合版）》2021年第10期。

们返乡创业或就业的热情和积极性,为乡村建设注入活力,也为乡村发展带来新的机遇和动力。

四、政府引导、农民参与

在乡村建设行动中,要发挥政府在规划引导、政策支持、组织保障等方面的作用,坚持为农民而建,尊重农民意愿,保障农民物质利益和民主权利,广泛依靠农民、教育引导农民、组织带动农民搞建设,不搞大包大揽、强迫命令,不代替农民选择。

(一)发挥政府作用,推进乡村建设

习近平总书记强调:"乡村振兴不是坐享其成,等不来,也送不来,要靠广大农民奋斗。"[①] 在乡村建设行动中,同样要注意将亿万农民组织起来,充分发挥他们的主体作用,要把各项惠民政策落实到农村最迫切需要解决的问题上,提高广大农民群众参与乡村建设的积极性。

1. 注重规划引导,明确发展方向

在乡村建设行动中,要积极发挥政府的规划引导作用,明确乡村发展方向,尤其是在产业发展、文化传承、生态治理及人才建设方面。在产业发展方面,政府应当尽快转变思维,以农民为主体,充分发挥广大农民群众的主观能动性;在文化传承方面,政府应积极推进乡村特色文化的延续,定期举办各类文化活动,增强农民对家乡的归属感;在生态治理方面,要唤起村民建设美丽宜居家园的主动性;在人才建设方面,要组织村民加强学习并参加相关培训,

---

① 《坚持新发展理念打好"三大攻坚战" 奋力谱写新时代湖北发展新篇章》,《人民日报》2018年4月29日第2版。

使之成为乡村振兴的主要力量。

政府在发挥规划引导作用的同时，还应结合当地实际制定破除城乡二元结构的相关政策，建立健全城乡融合发展的政策体系，制定符合乡村发展的各项政策措施。例如：强化粮食安全保障政策，提高农民种粮积极性；落实农民用地保障政策，为发展新型产业提供有利条件。

除此之外，针对农村的空心化问题，政府要积极引导外出务工农民返乡参与乡村建设。一是要留住人才，为返乡农民创造良好的发展环境，加大对返乡农民的培养；二是要引导乡贤、农村大学生等回到农村，积极参与乡村建设；三是要加大人才引进，吸引人才赴村工作；四是要充分发挥农村留守人员的主观能动性，将他们动员并组织起来，积极融入到乡村建设中去，为乡村建设贡献自己的一份力量。

2.加强组织保障，引导农民参与

在城乡二元结构中，要推进乡村建设，政府必须发挥组织保障作用。在广大农村地区，发挥基层政权的组织保障作用，必须加强基层组织建设。在乡村建设行动中，各级党员干部要始终树立科学的政绩观，充分发挥党组织的战斗堡垒作用和乡村致富带头人的引领作用，切实提高基层干部发展乡村经济和组织建设的本领，处理好基层政府的主导作用和农民主体作用的关系，真正做到"情为民所系，利为民所谋"。

在乡村建设行动中，政府应当推动建立和健全乡村治理体系，为村民自组织提供适当的政策引导，确保村民自组织真正发挥作用，进而引导村民广泛参与村级事务，调动农民参事议事的积极性。同时，还应加快建立村民对村级事务的监督制度，将与农民利益相关的重大项目、资金使用情况等进行公开展示，提高工作的公开性和透明度，允许村民对此提出建议和异议。

除此之外，基层政府应鼓励农民通过多种方式为乡村建设作贡献，确保乡村发展顺应民意。在乡村建设行动中，应确立和完善参与制度，充分发挥农民在乡村建设中的主体作用。一是要建立村务公开制度。在执行过程中，要注意将村级事务进行公开，增强村务工作的透明度，使农民对村级事务有一定的知情权，进而更好地参与乡村建设。二是要建立村民参与决策机制。对与农民利益相关的村务工作，由村民大会或村民代表大会集体讨论表决，真正实现农民当家作主。三是要建立村民意见采纳制度。只有充分尊重农民意愿，广泛听取农民意见，才能提升农民在乡村建设中的地位，进而参与到乡村建设中。同时，政府应积极支持村民对乡村事务进行自主协商，通过集体讨论的方式制定村规民约，以此作为自我约束和自我规范的标准。同时，为了确保各项制度落到实处，一方面要加强村民参与乡村建设的考核机制，使他们对村民参与制度的执行情况进行检查及考核；另一方面，要建立村民参与制度的执行情况反馈机制，确保参与制度不断优化。

3.制定政策措施，引导资本下乡

党中央、国务院高度重视农村发展，各地政府积极探索促进社会资本助力乡村振兴的有效途径。社会资本下乡是将城镇地区的财力、人力、物力等优势资源流入农村，通过城市反哺农村的方法解决农村的经济发展问题。社会资本作为乡村建设的重要力量，应充分结合农村优势资源如人力、土地等，积极发展当地特色产业，最终实现社会资本与农村、农民利益共赢。

然而，社会资本下乡因准入和监督制度缺失容易出现骗取国家财政补贴、盲目投资、损害农民利益等现象。缺乏强有力的法律规制，将会滋生投资主体策略性分配利益的行为空间。[1] 在社会资本下乡准入制度方面，政府应采取相应措施，为其设定依据。一方面，应为意向投资企业提供详细的执行依据，判断企业是否具备参与乡村项目的资质。另一方面，在项目落地前，可就项目是否具备可操作性、是否保障农民合法权益等进行项目规划审查。此外，政府应出台有关政策法规，对社会资本下乡产业项目进行阶段性评估和监管，确保发展乡村产业过程顺利进行，农民合法利益得到切实维护。

同时，政府还应转变职能，拓宽信息公开渠道并提高政策的透明度，构建起政府和意向投资企业的长效沟通机制，以便把握时机和投资方向；制定具有投资指引性的文件，引导社会资本正确投资，实现双赢。相关部门应严格落实资本下乡的各项政策措施，制定各项规章制度和标准体系，简化各项程序，提高办事效率，从而营造良好的营商环境。

（二）动员农民参与，激发建设活力

乡村建设是为农民而建，不论是农村基础设施建设，还是乡村公共服务体系建设，抑或是乡村传统文化保护和传承，均需农民的广泛参与。只有充分尊重农民的主体地位，引导农民积极参与乡村建设，真正发挥其主体作用，才能激发乡村建设活力。

1. 坚持农民主体，提高参与热情

农民既是乡村建设的参与者，也是乡村建设的受益者。中国共产党自成立以来，就坚持以人民为中心，将提高人民生活福祉作为奋斗目标。党的十九大更是明确提出要坚持以人民为中心。只有坚

---

[1] 李云新、王晓璐：《资本下乡中利益冲突的类型及发生机理研究》，《中州学刊》2016年第10期。

持人民的主体地位，提高农民参与乡村建设的热情，乡村才能实现内源式发展，获得发展活力。只有将农民的根本利益作为乡村建设的出发点和落脚点，才能激发农民参与乡村建设的积极性。

乡村建设是为农民而建，要充分发挥农民专长，尊重农民合理意愿，重视农民乡村建设的主体地位，发挥农民的主体作用，提高农民的参与热情，这是实施乡村建设行动的题中应有之义。在乡村建设行动中重视农民的主体地位，一方面要切实尊重农民的现实需要和真实意愿，把乡村建设成为广大农民群众向往的家园。另一方面要为农民参与建设乡村创造各种便利条件。例如：拓宽农民参与乡村事务的渠道和途径，通过宣传优秀乡贤事迹、国家法律法规等方式激发农民对乡村的认同感与参与感，提升其乡村建设的主动性和能动性。

由于村落呈现出"熟人社会"的特点，推动乡村建设，就要以合作社方式构建村落社会共同体。村集体作为处理村级事务的有效落实者，要与合作社形成一体化格局，完善合作社功能，扩大合作社范围。[1]除此之外，还应积极培育相应人才，提高农民文化素养，尊重农民主体地位，满足农民现实需求。乡村建设是一项复杂的工程，应坚持以政府为主导，整合各方资源，采取相应措施推广各项惠农支农项目，发展集体产业，汇聚更多的人力、物力投入到乡村建设之中，让农民分享发展成果。

2. 完善村民自治，保障民主权利

我国乡村社会具有悠久的自治传统，自然经济、血缘性村落共同体等因素决定了我国乡村社会主要依靠内生性力量进行自我治理。[2]在乡村建设行动中，村民自治就是要规范民主选举程序，进

---

[1] 朱启臻：《关于乡村建设行动的几点思考》，《农村工作通讯》2020年第22期。
[2] 徐勇：《中国家户制传统与农村发展道路——以俄国、印度的村社传统为参照》，《中国社会科学》2013年第8期。

一步健全和完善村民自治制度,保障村民民主权利,建立符合村庄实际情况的、多种形式的村民自治体系,真正实现治理有效。

农民是基层自治的主体,村民自治组织是基层群众的自治组织。在乡村建设行动中,要推动村民自治组织建设,着力健全村民自治制度,建立服务性的村民理事会,引导农民积极参与乡村治理的相关事务,为基层治理建言献策出力;要因势利导、因地制宜,优化农村基层党组织设置,组建乡村建设人才队伍,强化基层党组织组织能力,进而推动乡村治理体系和治理能力现代化。

当前,乡村地区的基层群众自治已形成了自治性和行政化的基本二元格局。因此,在乡村建设行动中,村民自治需要平衡好自治性与行政化二者的关系,防止行政挤压自治,同时也应避免因自治而忽视行政事务。村级治理要想构建"共建共治共享"的模式,需充分调动农村各方力量参与村级治理。在村民自治的实践过程中,乡村基层民主协商在基层群众自治和建设基层社会治理共同体过程中发挥着桥梁的作用,而乡村基层民主协商的开展取决于村民参与的积极性,否则也只是流于形式。因此,基层政府应充分激活乡村本土资源,实现与基层群众自治等政治制度的有效衔接,将乡村基层民主协商规则融入本土自治规则和村规民约,达到规则认同,进而实现村民自治,保障村民民主权利。

3.加大教育力度,提升参与能力

要鼓励和引导农民参与乡村建设,提升农民的文化素质和参与能力是关键。首先,要提升农民教育水平。列宁认为:"文盲是处在政治之外的,必须先教他们识字。不识字就不可能有政治,不识字只能有流言蜚语、谎话偏见,而没有政治。"[1] 教育是提升农民素质

---

[1]《列宁全集》第42卷,人民出版社,1987,第200页。

的根本，受教育程度往往与政治参与情况紧密相关。因此，政府应加大对乡村教育的投入，尤其是偏远落后地区，改善乡村教学条件和环境，提升乡村义务教育质量，进而提高乡村人口整体受教育水平。其次，要加大农民教育力度。在推进乡村建设行动中，应重点推进乡风文明建设，深入推进移风易俗行动。依托新时代文明实践站，引导农民树立正确的思想意识，不断提升农民自我教育、自我管理和自我服务的水平，号召农民参与乡村建设行动。除此之外，还可通过职业教育和专业技术培训，引导农民提升科学文化水平和职业素养。最后，要加快培育新型农民。开展乡村建设，需要加强教育，培育"有文化、懂技术，会管理"的高素质新型农民。政府应通过开展技术培训下乡等方式，加大对农民的科学技术培训，重点围绕专业知识、科学技术和管理技能开展培训，培育出一批爱农村、能管理、懂技术的新型职业农民和农村致富带头人，不断提升农民的自我发展能力。

五、建管并重、长效利用

在乡村建设行动中，应做到建管并重、长效利用，坚持先建机制、后建工程，统筹推进农村公共基础设施建设与管护，健全建管用相结合的长效机制，确保乡村建设项目长期稳定发挥效用，防止重建轻管、重建轻用。

（一）加强建设管护，做好科学规划

公共基础设施是经济快速发展的基础，其特点表现为：投资规模大、回报率低、建设周期长，具有社会性和公益性。这就决定了公共基础设施的建设资金大多是通过政府财政拨款，同时国家享有

所有权和经营权。从长远来讲，科学合理地对公共基础设施做好规划，并加强其建设和管护尤其重要。

1. 转变政府观念，坚持规划先行

农村公共基础设施建设是乡村建设的重要内容之一，直接关系到农业生产条件的改善和农民生活质量的提高。农村公共基础设施是指为农村地区经济、社会、文化发展和人民生活提供基本的生产和发展条件的生产性与服务性公共设施，包括农田水利设施、农村交通设施、饮水设施、电力设施、通信设施、农村基础教育设施、农村医疗卫生基础设施、农村文化及娱乐基础设施等内容。[①]

要彻底改变农村公共基础设施相对薄弱的现状，政府各级主管部门首先要转变观念，充分认识到农村公共基础设施建设是一项惠民利民的事业，其完善与否直接影响到乡村建设的进程。鉴于农村公共基础设施建设是一项非常复杂的工程，涉及众多部门，因此必须强化政府在建设中的组织领导和统筹作用。各级部门要做到高度重视，坚持科学决策和管理，对基础设施的项目运作进行规范化，提高项目资金的使用率，同时还要加强各部门间的沟通与合作，形成乡村建设的良好工作氛围。

基层政府要科学规划农村公共基础设施建设，充分考虑农业、农村和农民最迫切需要解决的问题，明确建设重点，确保整体布局合理。一是要因地制宜，合理规划事关农村生产生活条件改善的公共基础设施建设，重点解决农村公路、饮水、电力及通信等问题；二是要将农村公共基础设施建设与当地经济发展、产业发展相结合；三是要尊重农民需求，合理布局农村公共基础设施，重点关注农村

---

① 周慧：《农村公共基础设施供给中的政府行为分析——以石门县为例》，《农村经济与科技》2013年第6期。

医疗、卫生、教育、住房以及公共娱乐设施等领域；四是要加强农村生态环境保护，打造美丽宜居家园，促进人与自然和谐发展。在规划的同时，要明确建设的重点和难点，有针对性地对各个村庄进行建设，在广泛听取村民意见的基础上，建成更加有益于乡村发展的公共基础设施。

2. 加强设施管护，提高投资效益

农村公共基础设施是农村公共服务体系的重要组成部分，是保障和改善民生的重要基础。但目前我国农村地区的生产生活基础设施相对于城市而言，依然较为落后。究其原因，主要是对农村公共基础设施的投入力度不足和管护不好，严重制约了农村公共基础设施的建设和发展。因此，乡村建设行动中面临的一项重要问题便是加强对农村公共基础设施的管护，充分发挥其功能，使其为农民生产生活提供持续性服务。

没有管护就没有效益。在搞好农村公共基础设施建设的同时，要加强管理和维护。从某种程度来讲，农村公共基础设施的管护比建设更为重要。为更好地加强农村公共基础设施管护，具体做法有：一是要明确政府的管护责任。在规划阶段就应将农村公共基础设施的管护考虑进来，规定管护经费的来源，明确管护主体，落实管护责任，确保项目长期有效利用。二是要探索建立多种形式的管护体制。对于国家和集体投资的项目，管护责任由当地政府承担，并负责支出管护费用。对于小型农村公共基础设施，通过承包、转让或租赁等形式，确定责任主体。对于一些准公益性农村公共基础设施，可采用公私合营或民营模式进行管护。三是要积极发挥农民群众在农村公共基础设施建设中的主体作用，建立农村合作社，由合作社负责管护工作并收取费用，充分激发广大农民群众的积极性。

此外，针对农村公共基础设施的管护工作，应制定具体的规章制度，设立专门部门，确保有法可循，从而提高管理水平。对管护不到位的地方作出及时调整，发挥农村公共基础设施的最大功效。同时，还应发挥村干部的表率作用，加强对村民的教育培训，提升广大农民群众对农村公共基础设施管护的认识，鼓励农民积极参与公共基础设施的管护，使村民形成积极使用、自觉维护的意识，从整体上加大对农村公共基础设施的管护力度。

3. 加大资金投入，拓宽融资渠道

解决农村公共基础设施的建设问题，有利于推进农村基本公共服务均等化。为此，必须加大资金投入，拓宽融资渠道，积极克服建设资金不足的困难。只有坚持农村公共基础设施建设资金来源的多元化，才能更好地进行乡村建设，进而促进城乡统筹发展。

加强农村公共基础设施建设的关键是筹措建设资金。目前，政府对农村公共基础设施建设的投入渠道呈现多样化。在乡村建设行动中，应加强对现有农村公共基础设施建设项目和资金的整合，明确各分管职能部门的分工，使项目资金的效益得到最大发挥。政府作为农村公共基础设施建设的投入主体，应建立完善的财政投入机制，积极落实《关于扩大农业农村有效投资 加快补上"三农"领域突出短板的意见》，加大对农村公共基础设施建设的投入，把财政投入的重心放在加强农村公共基础设施建设上，增加农村公共基础设施建设项目的数量并提高项目质量。

在发挥政府主导作用的同时，还应积极引导社会力量参与对农村公共基础设施的投资和管理。各级政府在科学谋划和争取资金支持的基础上，应切实增加地方财政对农村公共基础设施建设的投入，广开融资渠道，"在地方政府的主导下实施资金供给的多元化融资方式"①,吸引民间社会资金投入农村基础设施建设,按照"谁投资、谁建设、谁管理、谁受益"的原则,动员社会力量加大对农村公共基础设施建设的支持。在这一过程中,逐步建立起以农民投资为主体,多渠道集资兴办公共基础设施的良性合作机制。

（二）健全长效机制,确保项目利用

农村公共基础设施建设、管理和利用是一项与村民切身利益相关的社会事业,也是乡村发展中的薄弱环节。加强农村公共基础设施建设,重视农村公共基础设施管理,提高农村公共基础设施效能,不仅有利于解决好与村民切身利益相关的问题,还有利于加快乡村发展,积极稳步推进乡村建设。

1. 摒弃错误观念,树立并重意识

农村公共基础设施"建管用"包括农村公共基础设施的建设、管理和利用三个方面。然而部分农村地区公共基础设施仍然存在建设落后、管理不到位、损坏严重以及利用率低等问题。因此,建立农村公共基础设施"建管用"相结合的长效机制很有必要。

在农村公共基础设施的管理和利用上,乡镇基层政府肩负指导管理与监督的职责,而村级组织是公共基础设施日常管理和维护最直接的责任主体。但因当前基层管理制度还不健全,公共基础设施在管理上存在"设施陈旧""没有定期检查,存在安全隐患""处于闲置状态,使用率低"等问题。个别基层干部重建设轻管理,将主要精力用在申请项目和搞建设上,忽视了对公共基础设施的管理和维护工作,部分农民群众认为农村公共基础设施的管护与自己无关,这些都不利于农村公共基础设施的管理和利用。

---

① 李俊利:《我国农村公共服务体系建设的研究》,《社科纵横》2009年第10期。

建立建管用相结合的长效机制，要摒弃错误观念，树立建管用并重意识。一是基层干部应摒弃重建设轻管理的思想，把农村公共基础设施的管护、利用与建设放在同等位置，确保三者均衡发展；二是在农村基层组织中，应把公共基础设施管护和利用作为乡村建设的重中之重；三是应强化广大农民群众的主体意识，加大对农民群众的宣传教育引导，不断强化他们的主人翁意识，确保公共基础设施建设完有人管、有人护、有人用。

2. 尊重地方需求，探索管理模式

虽然部分地区对农村公共基础设施的管理、维护和利用有所重视，但建管用相结合的长效机制尚未形成。一部分村庄因为农村公益资金有限，难以完全满足需要；另一部分村庄由村集体经济收入支出管护费用，一旦集体经济出现困难，就会出现设施无人管护的问题。加之部分村民缺乏主人翁意识，这就使农村公共基础设施建设和管理的负担进一步加重。

因农村公共基础设施的责任主体是多元化的，其建设、管理和利用也要探索出一条多元化的管理模式。一是专业管护。对跨村、跨乡镇的农村公共基础设施，可成立专门管护机构，明确管护主体，将管护费用支出列入农村公益服务项目。二是集体管护。把农村公共基础设施管护写入村规民约，号召群众参与管护。三是协会管护。鼓励村民成立农村公共基础设施管护协会，履行管护义务。四是义务管护。引导农民自愿加入村里的管护队伍，主动参与农村公共基础设施的管护工作。

对于农村公共基础设施的管护和利用，还可通过积极探索市场化管理机制，保障公共基础设施的使用年限和效率。例如：对于有人建无人管的问题，可落实管护责任制；对容易管护和维修的公共基础设施通过有偿承包的形式,交由承包人定期维修,村委会按照规定定期给予相应报酬。总之,要充分尊重地方需求,广泛听取当地农民的意见,探索出一条符合当地实际的管理模式,避免出现"一刀切"的情况。

3. 明确责任主体,确保长效运行

当下必须充分发挥政府、农民和社会力量在农村公共基础设施建设中的作用,充分了解农民意愿,广泛听取农民意见,为实施乡村建设行动奠定良好群众基础。在农村基础设施的建设和管理方面,政府居于主导地位,应在全面了解当地实际情况,听取各方意见建议的前提下,对农村公共基础设施的各个环节进行指导,制定各项规范,为农村公共基础设施的建设和管理提供制度保障。农民在农村公共基础设施建设与管理中居于主体地位。只有积极鼓励农民自主决策,才能增强农村公共基础设施管理的活力。在乡村建设行动中,应协调好政府组织领导与农民自主决策的关系,尊重农民在农村公共基础设施建设与管理中的主体地位,充分发挥农民的自主决策作用,调动农民的积极性。

多元主体共建共管的模式应遵循当下的村民自治制度。要积极动员社会各方力量参与农村公共基础设施建设,加大投资力度,降低项目投资成本,提高公共基础设施建设效率。政府应为社会力量制定有利于其投资的政策和营造良好投资环境,吸引社会力量参与农村基础设施建设,有效地实现三赢——既解决政府的资金不足问题,又解决农民的需求问题,还使企业从中受益。建设的同时,也要考虑到运营管护经费的问题,应良性利用机制,建立起稳定的管护经费保障机制和长效的建管用机制,扎实稳妥推进乡村建设顺利进行。

六、节约资源、绿色建设

节约资源、绿色建设，要求在乡村建设具体工作中，树立绿色低碳理念，促进资源集约节约循环利用，推行绿色规划、绿色设计、绿色建设，实现乡村建设与自然生态环境有机融合。

（一）推行绿色低碳，实现循环利用

开展乡村建设要以人与自然和谐共生为重要原则，以绿色发展引领乡村建设，推进农村生产生活方式向绿色低碳转型，实现资源集约节约循环利用、人居环境更加整洁和生态系统更加稳定。践行绿色低碳理念，需要不断探索符合中国特色的乡村建设道路，实现资源循环利用，并充分发挥农民的主体作用。

1.践行绿色理念，增强生态意识

实施乡村建设行动，要时刻守住绿色发展的底线，在可持续的基础上实现乡村全面发展。习近平总书记指出，绿色发展是生态文明建设的必然要求。树立绿色发展意识是当今时代发展的需要，我们必须增强生态发展意识，践行人与自然和谐共生的理念，正确处理人类与自然之间的关系，将"绿水青山就是金山银山"的理念贯彻到底，引领乡村绿色发展。

近年来，我国乡村居民整体生活水平显著提高，但其生态文明发展理念依然不强，绿色发展理念依然难以深入人心。[1]一方面，多数村民仍旧认为解决温饱问题是头等大事，片面追求经济利益，对绿色发展的认识不足；另一方面，多数乡村地区对绿色发展理念的宣传过于简单且流于形式，没有将当地具体实际与生态文明相结

---

[1] 崔健、王丹：《乡村振兴背景下农村绿色发展问题研究》，《农业经济》2021年第2期。

合，不利于乡村绿色发展。

社会存在决定社会意识，社会意识对社会存在具有能动的反作用。引领乡村绿色发展，关键是要使农民树立起保护生态环境的意识，处理好眼前利益和长远利益、经济发展与生态保护的关系。首先，要始终坚持以习近平新时代中国特色社会主义思想为指导，坚定"绿水青山就是金山银山"的理念，坚持"人与自然和谐共生"，促进乡村绿色发展；其次，要在广大农民群众中加大对乡村绿色发展的宣传和教育，动员农民积极参与生态环境保护等相关活动；最后，要开展绿色发展进校园活动，号召广大青少年群体参与相关实践，为实现乡村绿色发展培养年轻力量。

2. 推进集约节约，实现绿色转型

党的十八届五中全会将绿色发展作为五大发展理念之一，生态文明建设被提到了前所未有的高度，而资源集约节约利用是生态文明建设的重要内容。[①] 集约节约利用资源是保护生态环境、提高环境承载能力的根本之策，也是生态文明建设的重要抓手。当前，推进乡村生态文明建设，必须坚持保护环境和节约资源的基本国策，推进乡村绿色发展，为农民的生产生活创造良好环境。

党的十八大以来，为贯彻落实党中央关于加强生态文明建设的要求，我国部署实施全面节约战略，在全社会倡导厉行节约、反对浪费，促进资源集约节约高效利用，各项工作取得了积极成效。当前，我们要在党中央的领导下，进一步推动实现经济社会发展全面绿色转型，加快实施全面节约战略，全面推动资源集约节约循环利用。

---

① 袁国华、贾立斌、郑娟尔：《资源节约集约利用促进生态文明建设路径探索》，《中国国土资源经济》2013 年第 8 期。

推进资源集约节约利用，实现绿色转型，一是要树立节约优先理念，在乡村倡导节约资源意识，共同推动建设资源节约型、环境友好型社会，实现乡村可持续发展；二是要加快完善政策制度体系，在科学制定节约资源的标准规范的基础上，强化监督考核机制，进一步完善节约资源的制度体系及相关政策；三是要充分发挥市场机制作用，坚持市场化与法治化手段相结合，充分发挥市场在促进资源集约高效利用中的基础性作用。

3. 注重低碳循环，转变发展方式

党的二十大报告指出："推动经济社会发展绿色化、低碳化是实现高质量发展的关键环节。"发展是解决我国一切问题的基础和关键，要想实现经济高质量发展，就应走绿色化、低碳化道路。当前我国社会的主要矛盾是人民日益增长的美好生活需要和不平衡不充分的发展之间的矛盾，解决包括生态环境问题在内的所有问题，都需要更好的发展。

构建绿色低碳循环发展经济体系，实现绿色、低碳、循环发展，不仅能真正实现农村经济高质量发展，满足农民的物质生活需求，还能减少环境污染，推动绿色可持续发展。因此，构建绿色低碳循环经济体系，有利于农村地区经济、生态与社会协调发展。

发展绿色低碳循环经济，可以通过规划引领、加快绿色转型、加强绿色科技创新等方式实现。首先，要制定绿色低碳发展规划。在充分借鉴其他地区成功经验的基础上，制定出适合本地区的可操作性的方案。其次，要加快绿色转型，明确绿色低碳产业体系构建路径。一方面，应对传统优势产业进行升级改造，大力发展循环经济，实现传统产业低碳化；另一方面，要重点发展新兴产业，实现绿色低碳转型。[①]最后，要加强绿色科技创新，为绿色低碳循环发展提供科技支撑。推动绿色科技创新，是追求环境与经济"双赢"发展模式的关键举措，不仅有利于解决经济增长问题，还有利于资源节约和生态保护。

（二）坚持绿色发展，实现有机融合

绿色发展本质上是遵循自然生态规律，追求经济社会发展与生态环境建设相统一、人与自然和谐发展的一种新型发展方式。2020年，中央一号文件强调优化农村生产、生活、生态空间布局，推动生产、生活和生态三方面协调发展。[②]2021年9月8日，农业农村部等六部门联合发布我国第一部促进农业绿色发展的专项规划——《"十四五"全国农业绿色发展规划》[③]，进一步推动乡村绿色发展。

1. 改善生态环境，做好规划设计

良好的生态环境是贯彻绿色发展理念的前提。只有制定有针对性的环境治理方案，改善农村生态环境，做好绿色发展规划，才能更好地打造宜居宜业美丽家园。然而，目前我国广大农村地区仍然存在工业垃圾和生活污水乱排乱放，化肥、农药不当使用的现象，这些都对农村生态环境造成了严重破坏。

改善农村生态环境，做好绿色发展规划设计。一是要培养农民的绿色发展意识，贯彻生态发展原则。在具体工作中要注重增强农民保护生态环境的意识，加强环保知识宣传。二是要加强对突出环

---

① 王坤岩：《碳中和目标下构建绿色低碳循环产业体系的思考》，《中国国情国力》2021年第11期。
② 《中共中央 国务院关于抓好"三农"领域重点工作确保如期实现全面小康的意见》，《农民文摘》2020年第5期。
③ 《农业农村部等部委联合印发〈"十四五"全国农业绿色发展规划〉》，《云南农业》2021年第10期。

境问题的治理,将"绿色""节能""低碳"等概念用于规划和设计。例如:针对耕地污染、垃圾处理不当等问题,应加强治理,制定相应的解决方案,保护农村生态环境。三是要建立健全农村生态环境保护规章制度。国家应不断完善相应的法律法规,确保有法可依,各级地方政府应制定符合当地实际的各项规定,积极改善农村生态环境。

改善农村生态环境是一项长期的工程,除了上述措施外,还应积极引导农民形成绿色环保的生产生活方式,全力发展绿色产业,推进资源的循环利用,实现资源利用的可持续性。针对不同地区的生态环境特点,还可成立专门的监督管理部门,安排工作人员定期对当地的生态环境进行检查,确保生态环境保护政策有效落地。

2. 健全规章制度,推行绿色建设

目前,我国乡村建设虽然已经取得长足性、实效性进展,农民生活水平显著提高,但是乡村生态环境保护和治理方面依然存在不足。如何促进人与自然和谐共生,仍然是当下亟待解决的问题。在乡村建设进程中,在引导农民树立绿色环保意识之余,还应建立健全各项规章制度,推行绿色建设,着力保障乡村绿色发展。

制度创新是绿色发展的有力保证。我国正处于转变经济发展方式的关键期,在实施乡村建设行动中,要逐步完善绿色发展管理制度。一是建立健全管护机制,通过与每一户村民签订"门前三包"责任书,明确主体责任,使每家每户自觉做好自家院内院外环境卫生,以此保证村庄清洁;二是建立健全乡村绿色发展责任制,在乡镇及村委会的领导下,成立农村人居环境整治监管队伍,明确村民在绿色发展中的责任;三是将绿色发展纳入村规民约,提高村民参与乡村绿色建设的积极性,使村民真正成为乡村建设的主体。

3. 加强科技创新，实现稳步发展

科学技术在人类生产和生活中发挥着重要作用，我国在结合具体国情的基础上提出的"科学技术是第一生产力""实施创新驱动发展战略"，都强调了科技创新的重要性和必要性。科技创新改变了生产要素的组合方式，带来了生产方式的巨大转变，并且能在一定程度上有效推动乡村发展。乡村绿色发展应以科技创新为核心驱动力、以绿色发展理念为价值导向。科学技术需要通过人民群众的掌握，将其运用到生产活动中去，才能转化为生产力。因此，在实践过程中，应有意识地培养真正懂科技的农业技术人才，有效推动乡村发展。一是要通过高校等科研机构，加强农村科技人员的引进和培养；二是要制定相应政策措施，为科技创新人才提供良好工作环境并给予适当补贴，吸引更多人才为乡村建设服务；三是要通过继续教育、中等职业教育等，培养农村实用技术人员，提高农民的技能水平；四是要因地制宜，制定科技创新方案，充分挖掘优秀人才，大力发展特色产业，助推乡村绿色发展。

第五章
加强乡村基础设施建设

乡村基础设施建设是乡村振兴的基石，事关乡村振兴战略的有效实施，事关农民群众的切身利益。随着城市化进程的加快，乡村基础设施建设滞后的问题日益凸显，成为制约乡村发展的瓶颈。加强乡村基础设施建设，是推动农村经济发展、促进农业和农村现代化、提高农民生活水平和生活质量的重要措施。

一、加强乡村基础设施建设的意义

基础设施建设在乡村振兴中发挥着基础性和先行性的作用，探讨乡村基础设施建设与乡村振兴、共同富裕的关系，有助于加快构建新发展格局，促进乡村高质量发展。

（一）基础设施建设与乡村振兴的关系

从改革开放到"十四五"时期，各界关于"三农"问题的探讨都会涉及乡村基础设施建设，各个时期政府推进乡村基础设施建设的侧重点也不尽相同。梳理分析乡村基础设施建设的历史变迁有助于发现乡村发展中的突出问题，提高乡村全面小康的质量，推进乡村振兴战略的实施。

1. 乡村基础设施建设的历史变迁

乡村基础设施建设的历史可以分为四个阶段：乡村基础设施建设起步阶段、乡村基础设施建设迅速发展阶段、乡村基础设施建设稳固发展阶段、乡村基础设施建设全面发展阶段。

21世纪以来，乡村基础设施供给之所以成为我国全面建成小康社会中的突出短板，是有复杂历史原因的。改革开放前政府主要以集体化的形式组织农民参与生产，国家、地方政府和社队集体共同成为投入的主体。在生产力落后、资金极度缺乏的情况下，政府依靠大规模劳动力投入的方法，组织动员大量农村人力负担各种农业生产基础设施建设项目。① 党的十一届三中全会确定了改革开放的路线和方针政策，揭开了中国经济体制改革的序幕。经济体制改革从农村开始实践。全会通过的《中共中央关于加快农业发展若干问题的决定（草案）》突破了"一大二公"的人民公社体制，打破了束缚农民生产积极性的经营体制和分配制度，建立了以农民为经营主体的经营体制。② 随着家庭联产承包责任制改革在农村的全面快速推进，人民公社逐渐解体，依靠"两工"投入的机制失去了制度基础。③ 同时，政府并未给农村公共基础设施的供给提供适宜的制度安排。制度的缺失不仅使乡村基础设施和公共服务设施投资缺少有效载体，更成为政府投入的主要体制障碍。乡村基础设施建设投入不足成为中国经济发展中的突出问题，也成为全面建设小康社会的"短板"。④

---

① 陈文胜：《城镇化进程中乡村治理秩序的变迁》，《浙江学刊》2020年第5期。
② 马桂萍：《十一届三中全会后中国共产党"三农"政策的演进及走向》，《党史研究与教学》2004年第6期。
③ 孙凤娟：《基础设施建设嵌入我国乡村振兴的历史变迁、存在问题及改革方向》，《农业经济》2022年第11期。
④ 陈宗胜、朱琳：《论完善传统基础设施与乡村振兴的关系》，《兰州大学学报（社会科学版）》2021年第5期。

1990—2002年，国债的投资极大促进了一批农村基础产业的发展，乡村基础设施建设进入迅速发展阶段。为了实现现代化建设的第二步战略目标，1991年4月，第七届全国人民代表大会第四次会议批准了《中华人民共和国国民经济和社会发展十年规划和第八个五年计划纲要》。第八个五年计划纲要对农业、水利、能源、交通、邮电通信、原材料等行业的发展作出了明确的部署，农村基础产业和基础设施投资也得到了初步增长。1998—2002年，我国共发行6600亿元特别国债，用于基础产业和基础设施投资。这些资金主要投资于农业、水利、交通、通信等基础设施项目，另外有部分技术改造贴息资金用于一些基础产业的技术改造项目。这些资金的投入，引进了大量社会资本，推动了农村基础产业的快速发展和基础设施投资的快速增长。

从党的十六大起，"三农"问题和城乡统筹发展被提到议事日程，并被置于经济社会发展的全局和优先位置来考虑，乡村基础设施建设进入稳固发展阶段。从党的十六大到党的十八大，党和政府高度重视科技在建设现代农业中的重要作用，在生物育种、粮食丰产、节水农业、数字农业、循环农业等领域开展科技攻关，增加了我国农业技术储备，显著提高了农业生产技术水平和综合生产能力。1979年至2007年，农林牧渔水利业累计完成投资16202亿元，年平均增长13.2%。这些投资主要用于农业基础设施、商品粮棉生产基地和防护林工程建设。在农业发展方面，我国农林牧渔水利业基础设施条件得到极大改善，增强了防洪、防涝、抵御自然灾害的能力。在农村发展方面，国家激励各类社会力量参与农村公共基础设施建设和管理，推进水电路气网"村村通"工程，加快道路、信息等基础设施建设。在农民发展方面，国家重视让城市现代文明理念进入乡村，孕育新的乡村文明，培育新时代农民。但由于城乡之间、工农之间基础差异和产业特性差异,城乡"二元"关系呈现出新的特点,基础设施建设出现了更为复杂的分化局面。①

党的十九大提出实施乡村振兴战略,使"三农"工作重心发生历史性转移,推动了乡村基础设施建设的全面发展。在"十四五"时期,尽管农村全面建成小康社会的目标已经实现,但仍需要巩固农村全面小康的成果,提高农村全面小康的质量,建设高水平的农村全面小康。农村高水平全面小康的建成,需要政府围绕乡村基础设施、公共服务、环境治理等薄弱环节,实施一批国家重大建设工程,切实提高农村全面小康的质量和水平。②2022年1月4日,《中共中央 国务院关于做好二〇二二年全面推进乡村振兴重点工作的意见》(以下简称《意见》)发布,在加强农业基础设施建设方面,《意见》指出现阶段应继续加强耕地保护和用途管控、加强高标准农田建设、加强水利基础设施建设、强化农业防灾减灾能力建设。③在扎实推进宜居宜业和美乡村建设方面,《意见》指出应在加强村庄规划建设、推进人居环境整治、提升基本公共服务能力等层面不断推动乡村基础设施建设。为扎实推进乡村建设行动,进一步提升乡村宜居宜业水平,2022年5月,中共中央办公厅、国务院办公厅印发了《乡村建设行动实施方案》。基于我国乡村基础设施和公共服务体系还不健全,部分领域还存在一些薄弱环节的现状,《乡村建设行动实施方案》提出以普惠性、基础性、兜底性民生建设为重

---

① 吕文娟、刘保东、李鹏飞:《关于新乡村基础设施建设现状的研究与思考》,《南方农村》2013年第6期。
② 魏后凯:《"十四五"时期中国农村发展若干重大问题》,《经济研究参考》2020年第8期。
③《中共中央 国务院关于做好二〇二二年全面推进乡村振兴重点工作的意见》,《人民日报》2022年2月23日第1版。

点,强化规划引领,加强乡村基础设施和公共服务体系建设。①

2.基础设施建设对乡村振兴的意义

基础设施建设在乡村振兴中具有先行性和基础性的作用,对乡村振兴战略的落实起到了很强的推动作用。乡村基础设施建设从生产逐步向生活、生态方向演进,从人的生存设施转向人的发展设施,已经形成逐步补齐乡村基础设施短板的新格局。

乡村振兴战略下应积极推进乡村基础设施建设。政府推进乡村基础设施建设可以降低包括农业生产成本、运输成本、风险成本等在内的总生产成本,可以有效提升农村经济活动的效率。具体来说,乡村基础设施建设可以降低农民面临的经济风险和自然风险。比如,在农村地区兴建水利设施可以增强农业抗自然灾害的能力,建设完善的农产品市场可以降低农民进入市场的风险。乡村基础设施建设还包括乡村道路、给排水、信息通信等硬件设施建设,这些基础设施建设有助于深入推进农村产业一体化;有助于扩大农业规模,优化产业结构;有助于提升农业经济总量,推动农业农村现代化。乡村基础设施建设还具有配置农村劳动力、增加农村就业机会的功能,通过这种方式可以解决乡村人才流失、资金不足等方面的问题,有助于实现农民致富目标。在积极投资兴建乡村基础设施的过程中,农村地区投资环境得以优化,对外资的吸引力将进一步增强,有助于社会资源在农村地区的集聚,发挥资金、人才等资源反哺作用,进一步促进乡村振兴目标的实现。因此,政府通过投资兴建乡村基础设施的方式,可以推动传统农业改造、实现农业产业升级、培育文明乡风、改善农民生活。

---

① 《中办国办印发〈乡村建设行动实施方案〉》,《人民日报》2022年5月24日第10版。

（二）基础设施建设与共同富裕的关系

在消除现行标准下的绝对贫困后，促进共同富裕已经成为全面建设社会主义现代化国家新征程的重要战略目标。如何进一步利用基础设施建设改善居民生活质量将成为一个重要课题。[①] 厘清乡村基础设施建设在我国共同富裕实现进程中的作用机制和效果，有利于推动"三农"问题的解决，助力我国共同富裕目标的实现。

1. 基础设施建设助力共同富裕的机制

加快基础设施建设能够改善经济体系的基建存量，提高基础设施服务的质量和效率，进而从以下三条路径提升居民的生活水平、促进共同富裕：第一，改善与民生相关的公共服务，直接提高居民的生活质量。第二，直接创造就业机会，为人力资本积累较低的农业人口提供非农业就业机会。第三，降低经济活动的成本，促进高附加值农业、工业与服务业发展，进而带来更多高收入就业机会。[①] 具体而言：

加快基础设施建设可以改善与民生相关的公共服务的可得性，提升居民生活质量。现代社会的很多经济活动具有外部性与网络效应，若完全交由市场，则容易出现供给不足问题。如果没有可持续的基础设施建设投入，人民生活的许多基础性需求都很难得到满足。例如，与人们生活质量紧密相关的卫生、饮水、电力、道路等基础设施就具有较强的公益性。居民的健康水平与自来水系统紧密相关，家用电器的使用受制于电力的可得性与价格，百姓享受周边服务的便利程度则取决于道路的通达性与质量。通过基础设施建设直接提升居民生活质量也不局限于农村地区，现代城市中的许多公

[①] 张驰：《基础设施建设助力共同富裕：中国的经验》，《中央社会主义学院学报》2021年第6期。

共投资也能起到类似作用。高收入人群往往可以通过支付更高的溢价，用私人产品或服务替代部分公共服务。然而，对于低收入群体而言这些替代选项的价格过高。这意味着社会中的低收入群体往往更加依赖基础性公共服务与设施。

基础设施的建设、运营与维护直接创造就业岗位。低收入群体生活水平的提升离不开收入的提升。我国改革开放早期面临着农业与非农业发展的结构性矛盾。由于农业人口众多，耕地不足，农业的劳动生产率较低，无法支撑农业从业者收入的提高。基础设施建设带来了大量建筑业用工需求，且基础设施建设在各个地区均可开展。因而，基础设施投资成为直接提升农村居民收入、促进共同富裕的重要因素。

加快基础设施建设可以降低经济活动成本，引致其他高收入的就业机会。基础设施是社会经济活动不可或缺的生产要素。基础设施及其服务的改善能够大幅度降低经济运行的成本，提高商品与服务的生产、交易、分配效率。基础设施建设与经济活动成本的降低将从两个层面促进经济的发展。一方面，基础设施建设使得经济主体能够更充分地利用全国统一大市场获取生产要素，使得产品与服务的生产更有效率。另一方面，基础设施建设可以降低信息与交通等成本，大幅度提高市场的广度与深度，扩大产品需求。上述两个机制为相关的生产活动带来更丰厚的潜在回报，进而促进投资，带来更多高收入的就业机会。从这个意义上讲，高效的基础设施投资具有一定的"信号作用"，能够撬动其他部门的投资，带动就业与收入提高。

2. 乡村基础设施建设对共同富裕的经验启示

乡村基础设施是影响农业农村发展以及农民生活质量的公共

产品，加快乡村基础设施建设可以从多个方面推进共同富裕。在过去一个时期，乡村基础设施建设通过提高农村人口在饮水、用电、交通等领域的公共服务质量，通过为低技能农村劳动力人口提供就业岗位，通过降低经济活动成本促进高附加值农业、制造业、服务业发展这三个机制，促进了中等收入群体的扩大。基础设施建设助力共同富裕作用的发挥离不开政府对基础设施建设的高度重视与持续投入。政府也正是通过不断推动基础设施建设来改善"三农"问题。

第一，推动乡村基础设施建设提升农业生产力。乡村基础设施建设可以直接作用于农业生产，推动农业生产率的提升。水利、电力等基础设施建设能帮助农民应对自然条件给农业生产带来的挑战，改善农产品的产量和质量，促进农民增收。交通基础设施建设可以减少农产品的运输成本，促使资本向农村流动，促进农村经济发展。第二，推动乡村基础设施建设打造美丽乡村。在加快农业农村现代化进程中，政府接续推进农村人居环境整治提升行动，重点抓好污水、垃圾处理等基础设施建设，合理规划村庄布局分类，既可以改善农民生活环境又可以保护传统村落风貌，提升农民生活幸福感。第三，推动乡村基础设施建设培育新时代农民。科教文化类基础设施建设有利于推进社会主义精神文明建设，普及科学知识，推进农村移风易俗，培育一批有思想、有文化、有理想、有抱负的新时代农民。

展望未来，基础设施建设仍将对共同富裕起到重要作用。从人均意义上看，中国的基础设施仍存在短板。在数字革命、绿色革命的背景下，乡村基础设施建设同样面临转型升级的挑战。顺应农民群众对美好生活的向往，建设一批具有普惠性、基础性、兜底性的基础设施是农村社会经济发展的新要求。此外，厘清乡村基础设施建设在我国实现共同富裕进程中的作用机制和效果，是对我国推动共同富裕实践的经验总结，也能为其他国家的共同富裕之路提供借鉴。

二、乡村基础设施建设面临的挑战

当前，我国乡村基础设施建设面临投资供给不足、设施建设区域分布不平衡、服务能力有待提高以及体制机制不健全等突出问题。解决乡村基础设施建设过程中的短板和痛点，有利于将基础设施转换成农民脱贫致富的跳板，为乡村振兴提供支撑。

（一）乡村基础设施投资供给不足

我国在推进城镇化过程中投入了大量人力、物力、财力，公共财政支出更倾向于支持城镇重大项目建设，乡村基础设施投资供给不足的问题始终存在。此外，基础设施建设往往存在投资成本高、周期长、回报率低等特点，更加导致了农村公共基础设施建设融资渠道单一、资金投入不足。

1. 乡村基础设施建设总体投入不足

在基础设施均等化的政策导向下，基础设施"重城市、轻农村"的情况有所缓解，但是乡村基础设施建设总体投入不足的问题始终没有解决，乡村公共基础设施供给不足主要体现在以下方面。

一是村庄道路建设任重道远。虽然我国行政村通硬化路基本实现，但大部分道路建设标准比较低，路面比较窄，且道路质量不高，"晴天一身土，雨天一身泥"的问题还比较突出。[1] 二是农村集中式

---

[1] 邹蕴涵：《我国农村基础设施建设现状及存在的主要问题》，《财经界》2018年第2期。

供水比例较低且水质无法保证。尽管当前我国农村人畜饮水环境已取得较大改善，但采取集中式供水方式的仍属少数，全国大部分农村的供水系统依然跟不上实际需求，供水保障问题依然存在。[①]2019年，全国农村尚有约104万贫困人口饮水安全问题还没有解决，仍有6000万人饮水安全需要巩固提高。[②]三是农村污水管网基础设施建设不足。许多农村地区由于没有健全的生活污水处理体系和科学合理的污水管网布局，导致生活污水随意排放，安全卫生难以达到国家标准。同时，一些部门在建设污水管网的过程中没有合理布局、统筹规划，造成农村污水处置设施闲置浪费、使用效率低下。[③]

2. 乡村基础设施建设融资渠道单一

乡村基础设施项目通常公益性较强，融资能力不足。允许社会资本参与基础设施建设是目前缓解政府财政压力的主要手段，但是政府与社会资本合作模式在农村推广存在一定难度。

其一是政府投资具有非农偏好。在政治绩效的激励下，政府在进行投资决策时，必然会将经济效益作为重要的考虑因素。由于农业经济具有投资期长、见效慢、不可预测性强等特点，投资乡村基础设施面临风险高、回报率低等问题。其二，乡村基础设施项目的回报率低直接导致社会资本参与乡村基础设施建设的意愿较弱。其三，农村地区的金融发展水平较低，金融机构难以为基础设施项目提供稳定、充足、长期的资金支持。因此，在以往的乡村公共基础设施投资中，其资金往往依靠中央和地方的财政支持或者政府发

[①] 陈敏：《农村饮水安全供给的制度研究》，博士学位论文，西南大学，2020，第134页。
[②] 习近平：《在解决"两不愁三保障"突出问题座谈会上的讲话》，《实践（思想理论版）》2019年第9期。
[③] 朱志林、吴秉熙、姚益伟：《我国农村生活污水处理现状及改善措施》，《乡村科技》2020年第18期。

行的专项贷款。虽然当前有部分民间资本进入到乡村公共基础设施建设中，但由于其缺乏成熟标准的融资方式和运作机制，不能有效吸收社会上大量的闲散资金，所占投资比重低，难以形成规模。同时，由于基础设施建设的准公共物品性质，不产生直接的经济效益，也难以得到银行信贷的支持，一旦缺乏足够的资金来源，当地政府可能选择把投资任务转嫁给集体或者农户。农户对无国家投入的项目，一般积极性不高，因此也几乎不会投入，这就造成农村基建融资渠道单一的问题，最终导致我国乡村基础设施建设资金投入不足。

（二）基础设施区域分布不平衡

受产业特性、自然环境等因素的影响，乡村基础设施建设进程面临着东西部地区差异、城乡区域差异的复杂局面。基础设施建设的不平衡导致经济发展的不平衡、不充分，阻碍农村现代化发展，不利于共同富裕目标的实现。

1.基础设施城乡建设失衡

当前，由于城乡之间、工农之间基础差异和产业特性差异，城乡差别形成的"二元"关系呈现出新的特点，主要体现在以下几个方面：一是农村天然气管网建设滞后。在全球天然气消费市场上，我国占到全球天然气消费新增总量的40%，正逐步迈入天然气时代。与此同时，城镇天然气管道长度也在逐年攀升，而当前农村天然气普及率却不足40%，农村天然气管网建设存在滞后性。二是农村电力基础设施缺乏统筹布局。农村电力基础设施建设的布局主要受农村地区地形的复杂性约束，农民的耕地、房屋也会在一定程度上影响电网的选址规划以及电线的布局、变电站的建设。乡镇及农村公路建设也常常导致农村电网线路移位、重复建设等问题,缺乏统筹调度导致徒耗大量资源。三是城乡5G网络工程、光纤宽带网络优化升级等公共基础设施建设均等化水平较低。2020年,全国范围地级市已基本实现5G网络覆盖,但是仅部分农村建设了5G基站,在农村大面积铺开该技术仍需分阶段、分步骤进行。5G技术在农村生产、生活等方面大有可为,而城乡5G网络工程建设的差距将进一步拉大二者之间的"数字鸿沟",阻碍农村现代化发展。

2.基础设施建设区域发展不平衡

目前我国乡村基础设施建设存在区域不平衡性,东部地区的人均基础设施投资水平远高于中西部地区,甚至农村地区之间的基础设施投资差距也比较明显,"老少边穷"地区乡村基础设施建设严重滞后。

上海财经大学财经研究所许庆等人使用熵权法对中国31个省级行政区乡村基础设施发展水平进行测度。在2010—2019年样本考察期内,我国中西部地区乡村基础设施的发展水平均呈现不断上升的趋势。东部地区乡村基础设施发展水平最高,始终处于全国平均水平之上,而上海市是乡村基础设施发展水平最高的城市。中部地区乡村基础设施发展水平处于全国平均水平之下,但最接近全国平均发展水平,河南作为农业大省,其乡村基础设施发展水平处于中部地区首位。西部地区乡村基础设施发展水平较低,主要原因是该地区经济发展水平先天不足,且受到自然条件的限制,乡村基础设施建设难度大。许庆等人认为经济发展水平直接影响乡村基础设施投资水平,这也就导致了乡村基础设施区域分布失衡。[①]我国经济高速增长时期,发达地区和不发达地区的经济发展水平差距较大。

---

① 许庆、刘进、熊长江:《中国农村基础设施发展水平、区域差异及分布动态演进》,《数量经济技术经济研究》2022年第39期。

继东部地区率先发展之后，我国陆续推出"西部大开发""中部崛起""东北振兴"等区域性发展战略，以缩小区域之间的差距，但是经济发展不平衡、不充分问题始终存在，乡村基础设施投资水平差距仍然较大。

（三）乡村基础设施服务能力不足

近年来，乡村基础设施数量明显增加，但有相当一部分基础设施质量不高，整体服务能力偏低。此外，许多基础设施建设项目存在"有建无管"的现象，许多基础设施虽然耗费了巨大人力、物力、财力，却不能发挥较大效益。

1. 基础设施质量不高

农业基础设施建设不足会严重阻碍农业高质量发展。虽然我国农村饮水环境近些年来有一定改善，但集中供水量依旧有限，自来水普及率相对较低，偏远地区农民的饮水安全还不能得到保障。除了居民饮水安全，农田水利灌溉效率也存在较大的提升空间。有效灌溉面积随着农田水利投入的增加而上升，但2019年我国有效灌溉面积仅占总耕地面积的一半左右。

农村电力设施建设不足且用电成本高。随着农民生活水平的提高，农村用电需求量的增速远大于发电量增速，导致农村电力供应压力增大，农村电力设施及供电量严重短缺，无论电力装机容量还是发电量均低于全国总量的5%，远不能满足农村地区的用电需求。

农村每年产生大量生活污水，但是许多村庄的排水渠道和污水处理系统还不够完善，生活污水随意排放。未经处理的生活污水肆意排放，污染了农村的生态环境，直接威胁着农民的身体健康以及农村的经济发展。

近年来,虽然农村学校教室、食堂、宿舍等硬件设施的数量不断增加,但是教育现代化、信息化水平依然远不如城市。城乡教育资源的差异,不利于城乡义务教育一体化发展,不利于教育公平的实现,容易导致贫困代际传递。

2. 基础设施项目"有建无管"

乡村基础设施"重建设,轻运营"的现象频频发生。政府主导的乡村振兴工程投入巨大,农村房屋、道路、公园等设施焕然一新。但是项目建成后缺乏运营的人力和资金,一些基础设施项目长期处于"有建无管"状态,难以发挥公共服务职能或产生经济收益。

相较于城市地区,农村公路在总里程、质量和养护方面都还具有较大的发展空间,尚无法满足农村地区的经济发展需求。尤其是山区的道路易受到自然灾害的影响,有些道路受损之后并未得到及时维修,导致道路受阻,限制了农村地区物流、邮政等行业的发展。电力设备陈旧也是农村电网存在的较为严重的问题,大部分电压器件老化严重,高能耗、低性能。同时,农村电力安全管理存在大量盲区,部分电线杆柱破损严重,影响输电效率,也存在安全隐患。农村农田灌溉也还存在较大的缺口,大部分农田灌溉设施简陋,且年久失修,部分水库不能发挥防洪、供水等功能,防御水旱灾害能力较低。

农民在基础设施建设中参与度低,造成供需结构失衡。由于沟通渠道少、信息不对称、缺乏有效激励等原因,一些地方政府在做出决策之前,没能充分了解农民的生活状态和真实需求,农民也难以参与到基础设施建设与后续的基础设施养护之中。

(四)基础设施建设机制不健全

推进乡村基础设施建设,需要完善的体制机制的支持。乡村基础设施投资需求量大的特点需要健全的投资机制去弥补,乡村基础设施建设周期长的特点需要长效的管护机制去监管,乡村基础设施建设涉及范围广的特点需要合理的项目审核机制去完善。

1. 投资机制不够健全

乡村基础设施建设是一项涉及范围广、资金需求量大的重要工程,目前我国乡村基础设施投资机制不够健全主要体现在两个方面:一方面,投资总量不够充足。相对于其他类型的财政支出,乡村基础设施建设支出在国家财政支出中所占的比重较低,在投资上基本靠国家的补助和地方的财政资金,而且资金的管理权限大都集中在上级部门。[1] 尤其是近年来基础设施的造价成本随着物价的上涨而升高,乡村基础设施建设资金短缺的压力也越来越大,国家对支持乡村基础设施建设的资金更显得不足。部分乡镇、行政村因为历史原因导致高负债,也无力承担乡村基础设施建设资金。另一方面,投资结构不够合理。我国乡村基础设施在投资结构上存在重大工程、轻小设施的问题。在前期工程上搞"大水漫灌",把大部分资金都用在大工程上,往往容易忽视其配套设施的建设以及基础设施后期维护管理、建设安全及消防等资金的投入。

2. 缺乏长效管护机制

近年来,我国乡村基础设施建设取得了显著成效,很多村庄面貌有了很大的变化。但部分基础设施建设工程在上级部门验收合格后,又会陷入无人管护的状况,因各种原因导致被损坏,设施有效使用率不高。因此,缺乏有效的管理和保护制度是制约乡村基础设施建设的重要因素。在农村道路基础设施建设中,许多农村对于道

---

[1] 戈国莲、刘磊:《乡村振兴背景下我国农村公共基础设施投资测算与建设研究》,《农业经济问题》2022年第10期。

路的质量和宽度没有统一的标准,因此在道路建设上仅局限于路面的浇筑和硬化,基本没有后续的标志、标线和安全防护设施。同时,农村供电设备也因缺乏管护造成严峻的供电问题。例如变压器严重老化、能耗高、性能差,表箱、接户电线锈蚀严重,部分电线杆损坏程度高等问题不仅使供电系统不能正常运行,而且极易引发安全事故。因此,与城镇基础设施建设形成良好的长效监管机制相比,许多乡村基础设施仍处于"建而不管"的状态,既缺乏管理保护资金,也缺乏管理保护机制。

3. 项目审核机制有待完善

对于乡村基础设施建设项目,虽然当前的审计核查制度在不断完善和细化,而且大体上也发挥出了良好的治理效果,但在具体操作中仍存在一些问题。一方面表现为对项目建设资金规范使用的审核强度不够,尤其是对国家重点工程项目的专项活动资金缺乏切实可行的监管手段,导致项目资金使用不够透明;另一方面则体现在项目审核中易出现审核程序缺失、操作流程不规范等问题。例如,一些农村在基础设施项目招标过程中存在程序不规范的问题,未能制定合理完善的招标方法和流程,在投融资项目建造过程中也未能实时跟踪监管,缺少项目建设成果评估。此外,项目工程建设中的各部门缺少相互配合,不能形成合力,导致对基础设施监督管理的力量有限。在制度和法规执行中存在漏洞,难以从根本上解决乡村基础设施建设投资中的资金管理和项目工程质量问题。

三、乡村基础设施建设的主要任务

乡村基础设施建设的主要任务是由社会主要矛盾、党的宗旨、新发展理念以及"五位一体"的总体布局所决定的。当前乡村基础设施建设应围绕高质量发展这一主线，立足于乡村基础设施可持续发展，逐步补齐乡村基础设施短板，持续推进乡村基础设施建设均等化，提高乡村基础设施建设的可及性，让发展的成果由人民共享。

（一）补齐乡村基础设施建设短板

推进乡村基础设施建设需要补齐乡村基础设施建设短板。找准短板是前提，补齐短板是目的。地方政府要正视本区域乡村基础设施建设存在的短板，充分做好乡村基础设施建设的调研准备工作，突出问题导向，完善乡村基础设施。

1. 摸准核实"三农"领域的短板

地方政府要瞄准乡村基础设施建设的突出问题和薄弱环节，真抓实干，从乡村道路、供水、人居、教育、卫生、社保、文化、生态环境等方面，加大气力，抓实抓细，逐步从根本上补齐"三农"领域的突出短板。将乡村基础设施的短板和痛点改造、转换成乡村振兴和农民致富的跳板和亮点[1]，要积极用改革举措细分产权，建立多方利益联接，管好、护好、运营好乡村道路。同时，要将修建乡村道路与区域特色资源开发利用结合起来，打造"旅游路""产业路"，疏通各方道路，畅销各地资源，加快供求循环，把"四好农村路"建成农村百姓的致富路。

2. 精准固牢乡村基础设施建设的根基

要将乡村基础设施建设资金用在"刀刃"上，补齐乡村基础设施发展短板，推进经济社会高质量运行和发展。找准和补齐目前"三

---

[1] 王成利、孙学涛、刘雪燕：《农村基础设施完善对土地流转行为的影响研究》，《江淮论坛》2022年第5期。

农"领域的突出短板,是重振经济,提高"三农"工作效能,为全面建设社会主义现代化国家奠定基础的关键一招。我国"三农"领域的突出短板主要体现在乡村基础设施和公共服务方面。乡村基础设施发展滞后是农民群众反映最强烈的民生问题,也是城乡发展不平衡、农村发展不充分最直观的体现。具体表现为:乡村基础设施尤其是"四好农村路"和网络基础设施建设滞后,制约了乡村的全面振兴。安全供水系统存在隐患,影响了人民群众的身体健康。农村基础教育和特色职业教育发展不足,制约了农民创业就业能力和质量的提高。乡村公共卫生体系建设不完善,影响了农民群众抵御重大疫情和灾病的能力。农村社会保障体系还存在漏洞,不能细密兜住民生的底线。乡村公共文化场馆设施建设、服务提供不足,降低了人民群众的幸福感和获得感。农村生态环境和人居环境改善成效不足,不利于农村居民生活质量的提高。

（二）推进乡村基础设施均等化

乡村基础设施是农民获得基本公共服务的物质保障,更是实现城乡基本公共服务均等化发展的硬指标。在推进乡村基础设施建设的进程中,既需要政府统筹规划,又要健全财政保障与管护机制,利用长效的资金支持作保障。

1.统筹规划乡村基础设施建设

应加强统筹规划,避免出现乡村基础设施区域分布不均衡导致不同区域的农村居民收入差距拉大、阻碍区域协调发展的问题。第一,整合政府乡村基础设施建设基金。为了协调乡村基础设施发展,政府应统筹乡村基础设施资金管理,重点关注经济欠发达地区。同时,政府相关部门应严格监管专项建设资金流向,确保资金使用的合理性。[①]第二，充分发挥税收政策的引导作用。对于经济欠发达地区，政府可以运用税收政策，鼓励和引导私人投资进入乡村基础设施建设领域。例如，针对参与乡村基础设施建设的企业或个人投资者给予一定所得税抵免政策，提高私人投资的积极性。同时，要强化相邻区域间的联系，在城乡融合中推进乡村基础设施供给均等化，借助高水平地区乡村带动低水平地区乡村基础设施的发展，提升乡村基础设施发展的联动性和持续性。

2. 健全财政保障与管护机制

首先，要建立健全均等化公共财政保障机制与乡村基础设施长效管护机制。国内外先进的发展经验表明，推动公共服务均等化建设必须有充足的资金保证。因此，必须健全乡村基础设施建设经费保障机制，从而实现城乡公共服务均等化发展。一是加大政府财政拨款，有效保证乡村基础设施建设所需经费。一方面可通过直接拨款、税费减免、企业资助等形式有效拓宽资金来源渠道；另一方面，对乡村基础设施建设资金可以根据实际情况分块设立，纳入各级政府的年度预算，做到专款专用。同时，将乡村基础设施建设经费纳入各级财政经常性预算，从而有效保证乡村地区发展。二是要积极引导社会资金投入，全面拓宽融资渠道。鼓励社会力量参与乡村基础设施建设，采取购买服务、委托承办、项目外包、税收优惠、鼓励捐赠等形式引导社会力量提供公共产品和服务，逐步形成以公共财政投入为主、社会投入为辅的乡村基础设施建设多元化投入体制。

其次，要创新探索多元化的管护手段。一是重视乡村基础设施的管护。纠正"重建设，轻管护"的错误观念，尤其要关注落后地

[①] 周晶晶：《农业农村部〈关于扩大当前农业农村基础设施建设投资的工作方案〉的解读》，《当代农机》2022年第12期。

区乡村基础设施的后期管护。积极探索与第三方合作建设、共同管护乡村基础设施，鼓励社会资本参与乡村基础设施的建设与管理，做到乡村基础设施建设与管护"不分家"。二是创新拓宽乡村基础设施管护资金渠道。不仅要积极向国家争取各种惠农资金和政策，还要充分利用当地资源禀赋，形成具有特色的优势产业链，吸引社会资本参与乡村基础设施管护，将乡村基础设施的使用权、广告权、冠名权等进行租赁或出售，获取乡村基础设施管护资金。三是探索城乡基础设施"一体化"的管护机制，明晰和压实乡村基础设施管护责任，贯彻落实共建共享的发展理念，将城市基础设施先进的管护经验因地制宜地应用到乡村地区，促进城乡区域共同发展。

（三）推动乡村基础设施提档升级

推动农业农村的高质量发展，其核心要义是通过乡村基础设施结构的持续优化，推动乡村基础设施提档升级，以不断满足农业农村经济社会发展和广大农村居民日益增长的美好生活需要。

1. 确立高质量发展主线

乡村基础设施建设要围绕高质量发展这一主线，做到"四个转变"：一是要由总量规模偏好转向提质增效。从过去项目遍地开花，强调总量扩张，转向依靠结构优化，强调有效供给。二是要由投入偏好转向创新驱动。由过去主要依靠大规模的土地、资本、人力等生产要素的投入，转移到全面提升基础设施供给质量和利用效率上来。[1] 三是要由过去硬件偏好转向软硬件兼顾。在继续加强农村道路交通、水利灌溉、电力供应等基础设施建设的同时，加大对乡镇寄宿学校、乡镇卫生院、乡镇养老机构、乡镇体育娱乐等基础设

---

[1] 孔翠芳：《城乡融合发展视角下农村基础设施建设提质增效路径——以山东省为例》，《中共济南市委党校学报》2022年第5期。

施的投入。四是要由过去生产偏好转向"四生"(生产、生活、生态、生命)共进。在加强农业农村生产性基础设施建设的同时,完善乡村治理设施,提高公共服务供给能力,深入开展乡村人居环境整治。①

2. 形塑体系化发展态势

一是要把握基础设施建设的特点和发展规律,按照"动态一体、系统推进、集约节约"原则协调好传统和新型基础设施建设。要加强规划指导,完善政策环境,支持构建多元化示范和应用场景,夯实发展基础。要以新型基础设施为牵引,加强资源整合与衔接协调,推动存量基础设施改造升级。要克服基础设施服务功能单一化现象,在基础设施建设中增加产业融合发展的内容,加快建设城乡融合基础设施。二是要促进物质与社会基础设施"软硬兼施"。基础设施建设既要与农业农村产业发展有机结合,也要与解决民生问题紧密结合,在改善农业发展物质基础硬件的同时,要增强农村教育、卫生、文化、体育、养老、娱乐等公共服务的"软"实力。三是要加强基础设施一体化设计。当下我国农村一、二、三产业持续融合发展,农业产业链不断延伸,农业多功能不断拓展,农业新业态、新模式大量涌现。为此,要加强乡村基础设施一体化设计,重点推动道路基础设施建设项目更多向乡村倾斜,加强农村资源路、产业路、旅游路和村内主干路建设;推动重点地区、关键领域、主要行业新型基础设施建设发展;加速"互联网+现代农业"新业态、新模式的推广普及,培育一批可复制、带动效益明显的"村企店"。

---

① 周建华、何婷、孙艳飞:《新发展阶段农业农村基础设施建设逻辑与路径》,《长沙理工大学学报(社会科学版)》2021年第36期。

（四）立足基础设施建设可持续发展

现阶段，我国乡村基础设施建设取得了长足进步，基本实现了从总体滞后、瓶颈制约到基本缓解、整体适应的转变，但重复建设、盲目建设现象还很严重，基础设施"断链"问题仍较突出。推动乡村基础设施建设的可持续发展需推进资源集约化利用以及农业生产环节绿色化改造。

1. 推进资源集约节约利用

集约化发展是乡村基础设施高质量发展的重要抓手和关键所在。推进资源集约节约利用，首先需要统筹农业和农村各项基础设施网络、资源要素和空间布局，推动融合协同发展。所谓集约化发展，是指通过要素质量的提高、要素含量的增加、要素投入的集中以及要素组合方式的调整来增进基础设施建设效率。为此，要以县或市域为基本单元域，建立城乡一体化规划机制，统筹规划城乡道路、水、电、信息、燃气、垃圾和污水处理等基础设施建设，重点是统筹城乡融合基础设施一体化设计，推动重要的市政设施向城郊和中心集镇延伸。要充分利用好已经形成的基础设施网络优势，以盘活存量促进增量创新发展，以建设增量拉动存量优化改善。尤其是要统筹好道路、水利、网络等基础设施建设，统筹基础设施网络空间布局，推进基础设施资源共享、设施共建、空间共用。其次，应处理好基础设施建设的可持续发展问题。在建设具有公益性质、消费性质的基础设施时避免造成财政、债务压力。基础设施建成后，要加强运营、维护与升级。要坚持农业高质量发展理念，全面推进乡村振兴，克服传统基础设施功能单一、功能不足的问题。[1]

---

[1] 郭楚月、曾福生：《农村基础设施影响农业高质量发展的机理与效应分析》，《农业现代化研究》2021 年第 42 期。

2. 加快农业生产环节绿色化改造

推动乡村绿色安全发展,是实现乡村生态振兴、保障农业农村安全的重要举措。推广绿色基础设施对于农业农村可持续性发展具有重要意义。要大力实施乡村清洁能源建设工程,发展太阳能、风能、水能、地热能、生物质能等清洁能源,在条件适宜地区探索建设多能互补的分布式低碳综合能源网络。此外,要将生态环境保护作为乡村基础设施建设的前提条件,加强项目建设环境影响评估,减少基础设施建设对土壤、水文、植被和山体等的负面影响。按照先立后破、农民可承受、发展可持续的要求,稳妥有序推进农村地区清洁能源利用,逐步提高清洁能源在农村生活用能中的比重。

四、加强乡村基础设施建设的措施

随着乡村建设的不断深入,乡村建设成效逐渐显现。但随着人民对美好生活的需求日益增长,现有的乡村基础设施已无法满足农民的实际愿望。构建现代化基础设施体系,补齐乡村基础设施短板,因地制宜推动乡村基础设施建设,是中国特色乡村建设的重要举措。

(一)因地制宜推动乡村基础设施建设

乡村建设要同地方经济发展水平相适应,乡村基础设施建设更要结合地方经济社会发展现状与民风民情,摸准核实当地居民实际需要,合理确定乡村基础设施配置和基本公共服务标准,分级分类推动基础设施有序建设。[1]

---

[1]《中办国办印发〈乡村建设行动实施方案〉》,《人民日报》2022年5月24日第10版。

1. 分级分类推动基础设施有序建设

乡村基础设施的建设要因地制宜、分类施策、分步实施，根据当地农村的实际发展情况来进行科学合理的建设[①]，切实提高乡村基础设施供给质量和利用效率。一是着眼于农业农村现代化发展要求，精准识别乡村基础设施建设的短板，对供给类别进行排序，优先保障亟须补齐的短板。二是区分不同类型的村庄，明确乡村基础设施建设的重点和标准，引导各地区依据实际条件确定优先供给顺序，有序推进。三是区分不同类型的基础设施，各地区应立足自身条件，重点解决好乡村产业基础设施、生活基础设施存在的问题，满足农村生产和农民消费升级的需要。四是加强流通能力建设，整合优化原有流通体系，加强农村物流配送网点建设和维护，构建农村物流设施网络，建设区域性物流中心；积极推进宽带入户和信息基础设施建设，增强电子商务和数字农村建设对流通体系的带动。

2. 加快基础设施提档升级

地方政府应进一步深化新思想与新技术在乡村各领域的融合应用，立足基础设施发展现状，加快基础设施提档升级。要按照宜城则城、宜乡则乡的原则，区分不同地域、资源条件、发展基础等，按照农业农村现代化发展的实际需要来布局乡村基础设施建设，提升乡村基础设施发展质量、系统效益和利用效率。一是巩固乡村基础设施网络健全、规模庞大、发展快速的优势，聚焦乡村基础设施的薄弱环节，精准补齐短板；充分发挥基础设施网络的乘数效应，进一步释放规模经济红利。二是增强战略支撑能力，充分发挥基础设施"基石"作用，强化辐射带动作用。三是提升

[①] 田宜水：《中国农村能源政策、现状评估和发展方向研究》，《中国能源》2020年第 5 期。

项目全生命周期管理水平,统筹乡村基础设施规划、设计、建设、运营、维护、更新等各环节[1],重点提高基础设施运营和维护能力。四是畅通基础设施网络运行,挖掘存量基础设施潜能,优化新增资源配置,提升综合利用效率和系统运行效率。围绕基础设施发展现状,补齐乡村基础设施建设的短板,在完善基础设施建设网络的同时,增加农业和农村发展急需的基础设施,增强维护运营能力。

(二)统筹规划城乡基础设施建设

乡村基础设施建设应强化统筹协调,按照中央统筹、省负总责、市县乡抓落实的要求[2],以一体化的思路协同推进;应建立城乡利益联结和分享机制,让基础设施建设成为城乡融合发展的重要动力。

1.打造一体化的城乡基础设施体系

乡村基础设施建设要强化顶层设计,按照城乡融合发展原则,整体规划、统筹管理。[3]第一,交通基础设施建设领域应加大农村公路硬化建设力度,建立道路养护和管理机制,提高城乡交通一体化程度。第二,通信基础设施建设领域应构筑高速畅通、覆盖城乡、质优价廉、服务便捷的农村宽带互联网基础设施与服务体系,提高农村网络服务水平。第三,农村居民用水领域应持续开展饮水安全整治项目,逐步优化农村供水管网结构,继续加强城乡供水一体化建设,进一步提升农村自来水普及率以及饮用水水质达标率。第四,

---

[1] 王铂淇、唐玲玲、王晓迪:《农村基础设施建设的共同富裕效应及其政策含义》,《经济理论与政策研究》2022年第1期。
[2] 《中办国办印发〈乡村建设行动实施方案〉》,《人民日报》2022年5月24日第10版。
[3] 田宜水:《中国农村能源政策、现状评估和发展方向研究》,《中国能源》2020年第5期。

电力基础设施领域应全面完成农村电网改造升级工程,优化升级农村供电设施,合理规划农村电力设施布局,实现全国农村安全稳定供电服务全覆盖。[1]将农业新基建与城市新基建统筹规划,打造城乡一体化的新型基础设施体系,便于城乡之间、农村之间互联互通,形成共建共享的城乡融合发展新格局。此外,应加强城乡信息资源整合共享与利用,建设统一的信息交换共享标准,打造信息交换共享平台,推进城乡各类涉农信息基础设施和数据资源共享开放,避免重复投资建设。

2.加强落后地区常规基础设施建设

各级政府要加大力度补齐乡村基础设施建设的短板,围绕建设美丽乡村目标,完善乡村水、电、交通、通信、物流等基础设施建设,推动乡村地区形成产业布局合理、城乡互补、协调发展的基础设施体系;弄清各贫困地区基础设施的实际情况,按照基础设施紧缺程度,明确基础设施优先供给顺序,分区域重点加强基础设施最薄弱的环节;重点解决好事关农业发展的交通、通信基础设施网络等领域问题,为农业发展夯实基础;加速城市交通向乡村地区的延伸,推进城乡交通一体化建设,确保城镇道路与乡村公路的连通衔接,确保村庄间道路畅通,加强乡村道路安全隐患排查,实施道路养管责任制,为农民生产生活提供便利,为农产品销售提供渠道;提升城市和农村供水一体化水平,持续推进农村用水保障工程的建设实施;改善农村居民居住环境,推进农村生活垃圾治理和污水处理;推行安全可靠的乡村清洁能源建设,鼓励燃气下乡及农村新能源推广,加强煤炭清洁化利用;通过优化农村地区网络结构,推动

---

[1] 王铂淇、唐玲玲、王晓迪:《农村基础设施建设的共同富裕效应及其政策含义》,《经济理论与政策研究》2022年第1期。

第五代移动通信业务、千兆光网、移动物联网在农村地区的试点建设，确保基础电信运营商的有效运营。

（三）推进新型基础设施建设

当前，一些乡村地区不断突破对传统基础设施的路径依赖，推进新型基础设施建设。新型基础设施建设正在不断激活农村发展的新动力。在推进传统基建和新基建融合发展的过程中，各地政府必须做好承接乡村地区新型基础设施建设的准备工作，以促进城乡融合，缩小城乡之间的差距。

1. 推进传统基建和新基建融合发展

推进传统基建和新基建的融合发展要求处理好基础设施存量与增量的关系，合理构建现代化基础设施体系，补齐乡村基础设施短板。既要加快乡村传统基础设施改造升级，又要加强新型基础设施建设，推动传统基建与新基建融合发展。[①] 既要做好传统基建与新基建的分工衔接，又要做好城乡基建的衔接，避免产生新的"数字鸿沟"。例如，以新基建为依托，加快推动 5G 网络、大数据、人工智能、区块链等新一代信息技术与农业农村发展深度融合，推动农业农村信息终端使用量爆发式增长、领域多样化发展。要按照乡村振兴战略的总体部署，加强农业农村新型基础设施建设的顶层设计，谋划好建设路径，把信息化基础设施建设作为新阶段农业基础设施建设的重要内容。要完善农业农村新型基础设施管理运营政策，建立推动农村新型基础设施健康发展的政策体系，确保农村新基建可持续绿色发展。

---

① 李灯华、许世卫:《农业农村新型基础设施建设现状研究及展望》,《中国科技论坛》2022 年第 2 期。

2.加大互联网基础设施建设支持力度

互联网基础设施建设对农村居民增收具有显著的促进作用,扩大互联网在农村地区的覆盖范围,是提高农村居民收入的重要举措。加大互联网基础设施在农村地区的建设支持力度有利于推动互联网和乡村振兴融合发展。首先,应加快农村互联网基础设施建设规划,在提高互联网普及率的同时,增强城乡家庭网络接入能力。通过技能培训等方式提高农村居民使用互联网的能力,缓解农村居民面临的"数字排斥"问题[①],帮助农村居民更充分地享受互联网服务。其次,应当优化创新创业环境,鼓励互联网创业平台和孵化器建设,加强对农户互联网创业的培育和扶持力度。最后,应当注重城乡互联网基础设施的均等化发展,保障农村居民网络服务的可得性。各级政府应强化互联网发展的普惠性特征,以共享发展为导向,推动互联网经济发展,通过鼓励数字普惠金融、数字农业等措施,弥合城乡之间存在的"数字鸿沟",更好地发挥互联网基础设施在新时代乡村振兴战略中的作用。[②]

3.加快新一代信息技术应用

各级政府应积极推进数字技术与农村生产生活深度融合,持续开展数字乡村试点,实施"5G+"农业农村应用示范工程,选准大规模农机作业农田、规模养殖基地、农业科研创新基地等重点领域,部署5G网络和智能连接终端,支撑新一代信息技术在农业领域的应用,为互联网引领的智慧农业技术应用提供基础支撑;加强农村信息基础设施建设,深化农村光纤网络、移动通信网络、数字

---

① 金晓彤、路越:《互联网基础设施建设与农村居民增收》,《当代经济管理》2022年第1期。
② 刘心煜:《新时代我国农村基础设施建设问题探究》,《江苏科技信息》2019年第6期。

电视和下一代互联网覆盖，进一步提升农村通信网络质量和覆盖水平；加快建设农业农村遥感卫星等天基设施；建立农业农村大数据体系，推进重要农产品全产业链大数据建设；发展智慧农业，深入实施"互联网+"农产品出村进城工程和"数商兴农"行动；推进乡村管理服务数字化，推进农村集体经济、集体资产、产权流转交易数字化管理；推动"互联网+"服务向农村延伸覆盖，推进涉农事项在线办理，加快城乡灾害监测预警信息共享；创新5G农业应用新业态、新模式，运用5G网络下的虚拟现实、增强现实等技术，开展乡村直播电商、远程教育、乡村旅游等活动，培育乡村数字经济，打造现代农业农村高质量发展样板工程，为加快农业农村现代化提供强大基础支撑。

（四）完善乡村基础设施建设机制

乡村建设行动的工作原则指出，应坚持先建机制、后建工程，统筹推进乡村基础设施建设与管护，健全建管用相结合的长效机制，确保乡村基础设施建设项目长期稳定发挥效用，防止重建轻管、重建轻用。[1]

1. 完善投资决策机制

乡村基础设施建设要在考虑各乡村地区自然环境的基础之上，系统结合当地经济发展和治理水平，对乡村基础设施进行合理科学的规划布局。在建设过程中，要避免"一刀切"的现象，详细了解乡村基本情况，有针对性地制定基础设施建设的具体方案和项目资金预算。大力推广低成本、低能耗、易维护、高效率的基础设施

---

[1]《中办国办印发〈乡村建设行动实施方案〉》，《人民日报》2022年5月24日第10版。

建设技术,提高乡村基础设施建设项目的资金利用效率。[①]在拓展投资渠道上,一方面,要积极争取中央财政支持。另一方面,要积极吸纳社会资金,让地方财政资金与社会资本共同参与乡村基础设施建设。当前,乡村基础设施建设主要依赖地方政府的财政资金支撑,因而在进行基础设施投资时,就需要建立和健全政府投资管理体系,以规范专项资金的使用,并做好对专项资金使用情况的考核与审计,保证资金用到实处。

2.创新运营维护机制

地方各职能部门要建立相应的乡村公共设施运营维护管理体系,落实管护人员和资金投入,推动乡村基础设施运维管理工作的专业化和规范化。具体可从以下几个方面着手:一是创新乡村基础设施资金保障机制,在确保财政资金优先向乡村基础设施投放的前提下,鼓励和引导更多社会资本参与乡村基础设施建设。充分发挥财政资金和社会资本的合力作用,形成财政优先保障、金融重点倾斜、社会积极参与的多元投入机制。二是创新市场主体参与乡村基础设施建设机制,推动基础设施建设向各市场主体公平开放,提升资金使用效率和运营管理水平。三是创新管护运营机制,加强乡村基础设施规划、建设、维护和运营全过程的规范化管理,不仅要重建设,还要重管理、重维护。四是创新信息技术在乡村基础设施建设中的应用,加快推动5G、人工智能、物联网等新型基础设施建设,主动适应智慧农业、数字农村等建设需要。五是深化农村各项制度改革,完善准入机制和程序,保障各方主体的利益。六是创新参与机制,在供给顺序、项目监督、建设管理、维护运营、收益分

[①] 何翔:《农村基础设施投资公平性与脱贫攻坚成果巩固关系研究——基于2010—2019年省级面板数据的实证分析》,《宏观经济研究》2021年第3期。

配等方面，广泛听取农民群众的意见建议，注重保障农民和村集体权利。

3.完善绩效评价体系

正确评估投资价值是提升乡村基础设施建设效率、提升服务质量的基础。[①] 推动乡村基础设施建设应健全乡村基础设施项目绩效评价体系。第一，实行全过程绩效评价。为保障乡村基础设施建设水平和运行效率，需要制定明确的、可衡量的指标，对项目各阶段进行全面评估，构建事前、事中、事后绩效管理的闭环系统。第二，选择合适的乡村基础设施项目绩效评价方法。乡村基础设施项目具有较强公益性，评估其综合效益不能简单地以经济收益为标准，而是要综合考虑社会效益、环境效益等多个方面。因此，各地政府应充分考虑项目的基本特征，在评价项目价值时不局限于某一种方法，而应科学使用公众评价法、因素分析法、效益比较法等多种方法。第三，制定有针对性的绩效审计制度。乡村基础设施建设是事关国家、社会和农民个人的民生工程，推行乡村基础设施投资绩效审计结果公告制度，有利于提高政府的威信，加强对政府的监督。因此，国家要有针对性地制定乡村基础设施投资绩效审计制度，以确保绩效审计的法制化、规范化。

---

① 袁丹丹：《论乡村振兴背景下的农村基础设施建设》，《农业经济》2022年第2期。

第六章
夯实和美乡村建设的基础

在以习近平同志为核心的党中央的坚强领导下,各地区各部门积极贯彻党中央决策部署,立足乡村基础设施建设,着力改善农村生产生活条件,确保乡村振兴重点任务落到实处。党的二十大报告做出了"建设宜居宜业和美乡村"的战略部署。基于农村现代化的语境,从"乡村振兴'三步走'战略"到"2035年取得决定性进展"的阶段,建设"宜居宜业和美乡村"是全面推进乡村振兴战略落地的关键抓手,是扎实稳妥推进乡村建设的题中应有之义。"和美"铸造乡村建设的灵魂,体现新时代乡村建设工作中物质文明与精神文明协调统一的价值追求。中国特色乡村建设不仅要重视硬件设施建设,也要重视精神文明建设。建设和美乡村要抓住提升基本公共服务水平、加强基层组织建设、推进精神文明建设这三个施策重点。

一、夯实和美乡村建设基础的有效路径

当前,我国农村基础设施和公共服务体系还不健全,部分领域还存在一些突出短板和薄弱环节,和美乡村建设需要加强"硬件"建设。此外,建设和美乡村,需要农村保持积极向上的文明风尚和安定祥和的社会环境,这对乡村治理效能和农村精神文明建设提出了更高要求。夯实和美乡村建设的基础,需秉持"和"与"美"融

合发展的丰富内涵，从健全农村基本公共服务体系、加强基层组织建设、推进精神文明建设三方面出发，实现乡村全面发展。

(一)物质维度：健全农村基本公共服务体系

农村公共服务体系，是政府公共服务能力在乡村场域以农民需求为出发点，强调倾听民众意愿，尊重民众需求，坚持公众至上，以公民满意为目标，为其提供优质高效的公共物品与服务的直接体现。[1]健全农村基本公共服务体系的核心要义，是提升农村基本公共服务水平，不断推进城乡基本公共服务均等化，让改革成果更多更公平惠及农民群众。和美乡村建设，重点任务是优化农村基本公共服务，满足农民物质需求和精神需求，以农村软硬条件提档升级为切入点。[2]实现和美乡村建设的目标要求，首要条件是满足农民群众的现代生产生活多层次需求,让乡村逐步具备现代生活条件。[3]这对乡村基础设施、公共服务供给等方面的硬性建设，提出了与农民美好生活需要相匹配的要求。

与乡村建设转型过程相伴，农民现代生活条件的内涵也在不断拓展，体现在教育资源、医疗卫生、养老助残、未成年人保护等公共服务需求不断增长。可以说，补齐这些关涉"现代生活"支撑条件、基本条件的短板，就是夯实和美乡村建设的物质基础。第一任务就是农村公共服务体系的健全和完善。它直接关系农民福利，关系基层维稳，关系和美乡村建设目标的实现。健全农村基本公共服

---

[1] 李觅:《论乡镇政府公共服务能力的重构：基于政府职能视角》,《商业文化(学术版)》2011年第1期。
[2] 蒋辉、丁美华:《和美乡村建设的三重逻辑、战略路径与施策重点》,《中南民族大学学报(人文社会科学版)》2023年第12期。
[3] 吕方:《中国式现代化视域下的"宜居宜业和美乡村"》,《新视野》2023年第3期。

务体系,应以普惠性、基础性、兜底性民生建设为重点,强化规划引领,统筹资源要素,动员各方力量,加强农村基础设施和公共服务体系建设。同时,针对农村基本公共服务体系的问题短板,要以"和美"为核心优化农村发展条件。一是强化乡村基础设施建设,发展共建共享机制。二是推进公共服务、便民服务、综合服务的发展,提升服务质量和效能。健全农村基本公共服务体系,要以和美乡村"参与式建设"为导向,既尽力而为又量力而行,求好不求快,干一件成一件,努力让农村具备更好生产生活条件。[1]

(二)组织维度:加强农村基层组织建设

和美乡村建设对加强农村基层组织建设提出的要求是,确保农村基层组织建设的有序性、整体性、先进性和时代性。[2]和美乡村建设需提升乡村治理能力。习近平总书记在2022年中央农村工作会议上指出"要完善乡村治理体系"。完善乡村治理体系,提升乡村德治、善治水平,是和美乡村建设的内在要求。党建引领背景下,加强农村基层组织建设是和美乡村建设的组织保证。农村基层党组织是党在农村基层组织中的战斗堡垒,发挥着领导核心作用,把农村基层党组织建设摆在和美乡村建设的突出位置,有利于乡村社会和谐稳定。[3]为此,一要加强党对和美乡村建设的领导,汇聚党组织的智慧和力量,充分发挥基层党组织的"领头羊"作用。二要完善基层党组织领导下的"自治、法治、德治"相结合的乡村治理体

---

[1]《中办国办印发〈乡村建设行动实施方案〉》,《人民日报》2022年5月24日第10版。

[2] 张亚青:《加强农村基层组织建设的观念原则和路径探索》,《农村·农业·农民》2022年第4期。

[3] 邓钰:《中国式和美乡村的文化意蕴与建设路径》,《牡丹江大学学报》2023年第9期。

系，建立党建统领、多元共治的乡村治理工作机制。① 三要壮大基层组织人才队伍，提高乡村治理的有效性。

习近平总书记强调："党的力量来自组织，组织能使力量倍增。"② 夯实和美乡村建设的组织基础，必须把加强党的基层组织的组织力量作为增进党员内生动力的前提，充分发挥农村基层党组织的组织优势，强化基层党组织服务群众、引领农村发展的功能，为和美乡村建设提供组织保障。③

（三）精神维度：推进农村精神文明建设

建设"宜居宜业和美乡村"，"和美"一词是新的提法，表明乡村建设中的文化价值和精神内涵引起了更为广泛的关注。和美乡村建设的精神维度，可从传统的"和"文化汲取智慧。"人心和善"的道德观、"天人合一"的自然观、"和而不同"的社会观④，指明了建设中国式和美乡村的现实路径，那就是注重精神文明建设，夯实和美乡村建设的精神基础。和美乡村建设要进一步加强农村精神文明建设，保护和发展乡村文化，提升乡村文化软实力。第一，要精准把握农民精神文化的需求，健全公共文化服务体系，培育农民乡村文明意识，重建文化生态。农村公共文化服务体系建设可以有效整合乡村优质文化资源，丰富农民文化生活，一定程度上激发农民积极性、主动性、创造性。第二，要振兴乡村文化，坚定乡村文化自信，强化乡风文明建设，激发乡村文化活力。

---

① 吕捷、赵丽茹：《中国式现代化语境下的"宜居宜业和美乡村"建设》，《学习与探索》2023年第8期。
② 《习近平谈治国理政》第一卷，外文出版社，2018，第395页。
③ 文丰安：《中国共产党农村基层组织建设百年历程、鲜明特色及现实启示》，《中国农村观察》2021年第4期。
④ 邓钰：《中国式和美乡村的文化意蕴与建设路径》，《牡丹江大学学报》2023年第9期。

精神文明建设是滋润人心、凝聚人心的工作，对于和美乡村建设意义重大。广大农民群众不仅是和美乡村的共享者，更是重要的参与者、建设者。加强思想道德教育、发展农村公共文化、创新农村精神文明建设方式方法，是推进乡村精神文明建设的重要抓手，也是提高乡村社会文明水平的必由之路。

二、提高农村基本公共服务水平

脱贫攻坚战略实施以来，农村基本公共服务体系建设取得重大进步。[①] 当前，我国进入高质量发展阶段，到2035年发展目标之一是要实现基本公共服务均等化。乡村建设行动中，基本公共服务高质量发展，是对城乡区域发展不平衡不充分问题的有力回应，是单项基本公共服务资源不足的解决之道。《"十四五"公共服务规划》对基本公共服务高质量发展作出了整体性布局，《乡村建设行动实施方案》在提高农村基本公共服务水平方面提出了重点任务。下文紧紧围绕"农村教育""乡村医疗卫生体系""养老助残服务"和"未成年人保护"议题，探索农村基本公共服务高质量发展的基本路径。

（一）均衡农村教育服务资源

教育是思想文化传播的有效途径，在和美乡村建设中需要重点关注。当前，农村教育服务资源的短缺和不均衡，是农村教育服务体系发展的短板。均衡农村教育服务资源，有助于完善农村教育服务体系，推动农村教育高质量发展。

---
① 杨铭宇、张琦：《从空间不平等到空间正义：农村基本公共服务高质量发展的理论阐释与实践路向》，《南京农业大学学报（社会科学版）》2023年第5期。

1. 农村教育发展的成效

自 20 世纪 90 年代末期开始，党和政府陆续出台了一系列政策、法规，采取了一系列改革措施，如实施"国家贫困地区义务教育工程""对口支援西部贫困地区学校工程""农村中小学危房改造工程""农村寄宿制学校建设工程""全国中小学校舍安全工程""农村义务教育薄弱学校改造工程""义务教育学生营养改善计划试点""农村中小学现代远程教育工程""教学点数字教育资源全覆盖项目"等，使农村教育发展拥有良好的政策环境。优先规划、持续改善农村义务教育学校基本办学条件，建设城乡学校共同体，从设想变为现实。义务教育政策的落实，减轻了农民的负担，大大降低了农村学生的辍学率。各级政府对农村教育投入的主动性和积极性增加，提高了农村教育管理水平。"西部大中城市学校对口支援本省（自治区、直辖市）贫困地区学校工程"和"东部地区学校对口支援西部贫困地区学校工程"的实施，进一步动员了东部地区和西部大中城市的各方面力量，大力支援西部贫困地区的教育事业，使西部地区农村教育有了更多的活力与保障。"农村劳动力转移培训阳光工程"的大力实施，提高了农村劳动者素质，提高了农业综合生产能力，促进了农民的持续增收。国家政策还鼓励教师资源向农村倾斜，优化农村教师人才队伍，保障了农村教育的双向赋能。

此外，国家政策多渠道增加农村普惠性学前教育资源供给，巩固提升高中阶段教育普及水平，发展涉农职业教育，建设一批产教融合基地，新建、改扩建一批中等职业学校，加强农村职业院校基础能力建设，进一步推进乡村地区继续教育发展。改革开放以来，我国农村人口受教育水平大幅跃升。总的来说，教育政策转向"普中小幼"的农村全民教育，城乡教育关系转向"一体化发展"的城乡融合教育,教育管理体制转向"政府办",农村教育结构转向"多元"。[①]这些都是农村教育高质量发展导向下的现实写照。

2. 农村教育发展存在的问题

农村教育发展虽取得了一定成效,但也存在教育资源不对等、分化和流失的问题。与农村教育高质量发展的目标相比,各级各类教育的普及率还有差距,教育质量差异化明显。这不利于农村教育现代化目标的实现,阻滞了乡村教育乡土化、特色化的发展。具体体现在:一是人才队伍不足。政府大力推进"优师计划"以提高乡村教师队伍质量,但普遍补贴扶持政策对乡村教育推动的边际效益正在不断下降,甚至有的乡村已经开始出现对补贴政策的效应饱和现象。[②]随着近年来国内各地人才政策激励手段、激励对象等渐趋同质化,新兴人才引进难已成不争事实。例如浙江舟山乡村就是缺乏有针对性的政策福利,较难吸引人才进入。[③]二是乡村教师专业发展受阻。乡村教师队伍面临着乡土信念缺失、乡土知识匮乏以及内生能力弱化等诸多现实困境,这将会直接影响乡村建设行动的实施和成效。[④]三是乡村特色不足。很多农村地区拥有独特的资源优势以及深厚的文化底蕴,但没能得到充分的挖掘利用和推广,基础教育内容照搬城市模式,形式大同小异,对本区域的民俗文化、历史名人古迹等教育资源的挖掘程度不够,课程内容单一,且流于形式[⑤],使得教育接

---

① 邬志辉:《中国农村教育发展的成就、挑战与走向》,《探索与争鸣》2021年第4期。
② 范一品:《乡村教育振兴宜因地制宜》,《中国教育学刊》2022年第6期。
③ 徐乙嘉、胡茵特:《乡村振兴背景下舟山乡村教育事业建设的研究》,《农村经济与科技》2022年第11期。
④ 吴云鹏:《乡村振兴视野下乡村教师专业发展的困境与突围》,《华南师范大学学报(社会科学版)》2021年第1期。
⑤ 魏亚丽:《舟山市农村社区教育现状调查与推进策略》,硕士学位论文,浙江海洋大学,2019,第98页。

受度和参与率不高。四是农村教育受众主体狭隘。对于农村教育的理解不能只是学前教育和义务教育,也应包括但不限于群众继续教育、职业教育和干部教育,每个农民群众不分年龄、种族、性别和阶层,都应接受教育,这样的乡村教育不仅提升农村学生的知识文化水平,更能满足农民群众对于成人教育的要求,开阔农村干部的文化视野,真正让乡村教育触手可及,提高乡村教育现代化水平。

3. 农村教育发展的措施

习近平总书记高度重视农村教育事业,对实现农村教育现代化做出一系列重大部署。农村教育发展存在的问题,需分类施策,久久为功。首先,针对农村教育人才队伍不足的问题,可在师资力量薄弱的农村地区实行积极稳妥、分类推进的激励政策。优化教师队伍结构、提高教师专业素养、强化教师职业道德,为农村基础教育发展提供智力保障和前进动力。这就需要当地学校、教育部门因"人"制宜,即聚焦于乡村教师的内在和外在需求,制定切实有效的、可持续的激励措施,构建完整的教师职业发展机制,并建立有效、科学的评价反馈机制,让更多教育人才扎根农村基础教育。

其次,乡村教育的供给主体是教师,但教师的成长也会遭遇困境。为此,乡村教师要精心培植个人的为乡信念,提升专业素养;努力扩充自身的乡土知识,重塑专业成长的美好蓝图;积极发挥个体的主观能动性,强化专业发展的内生动力。

第三,农村基础教育的价值传递,应当通过对乡土文明的价值传递、乡土知识的科学传播、乡土情感的自然熏陶,实现乡村居民的乡土情感认同,最终实现乡村教育对青少年健全人格的培养。农村教育的发展路向,应是在现代化浪潮中对乡土化与城市化的综合考量。[①]

[①] 杨帆:《我国农村教育发展路向的再探究》,《继续教育研究》2017年第12期。

最后，农村教育应是全民的教育，而不是某一类群体的教育。农村教育应该在继续加强学历教育的同时大力推进非学历教育，既要重视学生群体的正式教育，也要支持农民群体的非正式教育，尤其要积极向提高农民综合素质的方向转变。要大力发展职业技能培训，以培养农民的岗位适应能力、职业选择能力以及创新实践能力。[①]通过农村全员的继续教育，盘活农村闲置教育资源，促进农村教育的均衡发展，构建"农村教育为每一个农村人服务"的良好氛围。

（二）改革完善乡村医疗卫生体系

乡村医疗卫生服务高质量发展是全面推进乡村振兴的应有之义，改革完善乡村医疗卫生体系是和美乡村建设的必要行动。乡村医疗作为农村基本公共服务的细分领域，与农民群众的生活紧密相关。乡村医疗卫生体系建设，长期以来是党和国家关注的重点议题。当前我国乡村医疗卫生体系建设受限于供需不对称、服务可及性较低、服务公平性较弱等因素，乡村医疗卫生服务质量还需提高。

1. 乡村医疗政策及成效

《中共中央 国务院关于实施乡村振兴战略的意见》提出要"加强基层医疗卫生服务体系建设"。《中华人民共和国国民经济和社会发展第十四个五年规划和2035年远景目标纲要》提出要"增加农村教育、医疗、养老、文化等服务供给"。《中华人民共和国乡村振兴促进法》提出"各级人民政府应当采取措施加强乡村医疗卫生队伍建设……提高乡村医疗卫生服务能力"。中共中央办公厅、国务院办公厅印发的《关于进一步深化改革促进乡村医疗卫生体系健康发展的意见》中明确提出"到2025年，乡村医疗卫生体系改革发

---

① 黄宇：《以全民教育为指向的继续教育发展路径选择》，《中国成人教育》2019年第14期。

展取得明显进展"。《中共中央 国务院关于做好2023年全面推进乡村振兴重点工作的意见》中要求"加强乡村两级医疗卫生、医疗保障服务能力建设"。在国家一系列政策的引领下,乡村医疗卫生服务质量有法可依。

新型农村合作医疗制度是我国一种创新性较强的农民医疗互助共济制度。[①]2012年8月,国家发展改革委、卫生部、财政部等六部委《关于开展城乡居民大病保险工作的指导意见》指出:"城乡居民大病保险,是在基本医疗保障的基础上,对大病患者发生的高额医疗费用给予进一步保障的一项制度性安排。"至2015年,大病保险政策在全国全面铺开。2019年,国家规定继续提高大病保险筹资标准,大病保险人均财政补助筹资标准新增15元,报销比例提高至60%。2020年4月,国家医保局办公室、财政部办公厅等部门联合发布的《关于高质量打赢医疗保障脱贫攻坚战的通知》强调要巩固基本医保、大病保险、医疗救助综合保障待遇水平。[②]2023年2月,中共中央办公厅、国务院办公厅《关于进一步深化改革促进乡村医疗卫生体系健康发展的意见》提出要加大医保基金支持力度、优化农村医保管理服务。

乡村医疗政策为农民看病报销保驾护航,破解"看病难、看病贵"的难题。同时,政策的覆盖率和报销比例也在逐步调整,政策受益面不断扩大。

2. 乡村医疗卫生体系存在的问题

我国乡村医疗卫生服务虽取得了一定成就,但还存在不足之

[①] 孟岩:《对我国新型农村合作医疗制度补偿模式的分析》,《中国卫生经济》2006年第8期。
[②] 许梦博、张如玉:《精准扶贫背景下城乡居民大病保险实施效果评价研究——以吉林省为例》,《经济视角》2021年第2期。

处。第一，服务供给不足。例如，中南民族大学公共管理学院刘玢彤以农村医疗保险制度为切入点，发现湖北恩施农村医疗卫生服务存在基层卫生人员匮乏、基层医疗资源短缺的问题[①]，造成乡村医疗卫生服务能力薄弱、城乡差距不断扩大。第二，服务质量不高。乡村医疗卫生服务面临优质医疗资源短缺、高层次医务人员严重不足、群众公共卫生意识薄弱等问题。第三，服务人才短缺。医学教育供给侧存在人才供给的层次问题和类型问题，即中职教育处境尴尬与健康教育专业建设滞后。[②]这对医学人才扎根乡村带来了很大的挑战，此外，发展平台与薪酬待遇也是制约乡村医疗人才供给的因素。第四，服务认同低下。一些农民对农村基本医疗门诊的服务认同感不高，对医生的医学水平和应急管理能力存疑。四川中医药高等专科学校秦晓明等人通过对四川秦巴山区215户农村贫困居民医疗卫生服务可及性调查发现，服务认同低的影响因素主要包括设备条件差、看病时等候时间过长及提供不必要服务等。[③]

3. 优化乡村医疗卫生体系的措施

从乡村医疗卫生服务供给侧角度看，政府应创新供给机制，确保有效推进；加大财政扶持，推进机制改革；扩充人才队伍，提升服务质量。[④]加快补齐公共卫生服务短板，完善基层公共卫生设施。支持建设紧密型县域医共体。加强乡镇卫生院发热门诊或诊室等设施条件建设，选建一批中心卫生院。持续提升村卫生室标准化建设

---

① 刘玢彤：《全民医保背景下恩施州农村居民医疗服务利用研究》，《农村经济与科技》2020年第1期。
② 杨玉浩：《乡村医疗卫生人才的供给困境与教育反思》，《医学与哲学》2023年第12期。
③ 秦晓明、张光、何洋等：《四川秦巴山区农村贫困居民医疗卫生服务可及性调查分析》，《中国卫生事业管理》2020年第8期。
④ 郭志远、王国平、刘海荣等：《乡村振兴背景下我国农村医疗卫生服务供给侧问题研究》，《锦州医科大学学报（社会科学版）》2020年第3期。

和健康管理水平，推进村级医疗疾控网底建设。从乡村医疗卫生服务公平性角度看，政府应建立财政经费保障机制，向乡村地区投放先进的医疗设备，加强对乡村医疗人才的培养。[1] 从乡村医疗卫生服务供需角度看，要实施能力提升工程，做强县级医院、整合医疗资源、打造医学中心等；实施人才强医工程，加强新生医师培养、推进医师队伍建设、扩大医师多点执业等；实施改革驱动工程，健全医保体系、支持社会办医、发展互联网医疗等。[2] 提高乡村医生待遇，保障合理收入，完善培养使用、养老保障等政策。从乡村医疗卫生服务可及性角度看，要优化医疗卫生资源配置，加强乡镇卫生院、村卫生室标准化建设，建立乡镇区域医疗中心、区域公共卫生中心，多元化、多途径形成"医养结合"服务网络，切实提高农村居民基本医疗卫生服务可及性。[3] 从乡村医疗卫生服务反馈改进角度看，要把农民满意度作为医生晋升的指标之一，切实提高医疗卫生服务质量。

（三）发展农村养老服务

人口老龄化是社会发展的趋势，是人类文明进步的体现，也是今后较长一段时期我国的基本国情。谁来养老、在哪里养老、如何发展养老事业等问题在乡村振兴战略背景下格外凸显，在乡村建设行动中亟须考虑。发展农村养老服务，是提高农村基本公共服务水平的重要内容。

---

[1] 奚雷、殷响、王学鹏：《乡村振兴战略下皖北农村公共服务公平性研究》，《市场周刊》2021年第3期。
[2] 林建：《乡村振兴战略下我国农村医疗卫生服务供需矛盾分析》，《中国卫生经济》2020年第12期。
[3] 秦晓明、张光、何洋等：《四川秦巴山区农村贫困居民医疗卫生服务可及性调查分析》，《中国卫生事业管理》2020年第8期。

1. 农村养老服务的政策及现状

习近平总书记强调，有效应对我国人口老龄化，构建幸福养老服务体系，事关国家发展全局，事关亿万百姓福祉。

2010年《中华人民共和国社会保险法》的发布，标志着我国养老保险事业逐步走向法治化轨道。2014年《国务院关于建立统一的城乡居民基本养老保险制度的意见》提出在全国范围建立城乡居民基本养老保险制度。2021年，人力资源和社会保障部、民政部等六部委印发的《关于巩固拓展社会保险扶贫成果助力全面实施乡村振兴战略的通知》指出，对缴费困难人群，地方人民政府为其代缴部分或全部最低缴费档次养老保险费。

当前，我国基本养老保险覆盖人数超过9亿人，全民医保基本实现，世界上最大的社会保障体系已梁柱稳立，老年人权益保障法等法律法规不断完善，独生子女护理假政策已经在多个省区市落地，家庭医生签约服务让众多老年人拥有了"健康守门人"……我国养老事业取得长足进步，农村养老服务事业持续优化，这得益于制度优势和治理效能的充分发挥。此外，《乡村建设行动实施方案》对于全面构建农村养老服务体系也有明确要求，一是完善养老服务设施，支持有条件的农村建立养老机构，培育区域性养老服务中心。二是发展农村幸福院等互助型养老机构，支持农村卫生院利用现有资源开展养老服务。如福建古田开办的"互助孝老食堂"，承担着老年人经济上的供养责任、生活上的照料责任、精神上的慰藉责任。

2. 农村养老服务存在的问题

面对"银发浪潮"，我国的农村养老服务体系还有一些短板和不足。在服务供给上，我国目前对养老护理员的需求量是600万人，实际从业人员只有30万人，缺口巨大。在服务质量上，对于养老护理员的日常培训和监管考核体系尚未形成，服务质量参差不齐，影响老年人生活幸福感。在服务方式上，目前我国农村仍以家庭养老为主，家庭照顾压力负荷重；机构养老可信度不高，给家庭带来的经济压力较大；社区养老资源不足或难以盘活，互助养老接受度有待提升。我国农村养老面临传统的家庭养老功能弱化、农村社会养老保障制度不完善、市场及其他社会力量在农村养老中参与度较低等困境。为有效纾解农村养老难题，积极应对农村人口老龄化，应协同多方力量推进农村养老服务供给。宏观层面，要切实加强农村养老保障体系，尤其要完善农村养老保险制度和农村老年福利制度，加强农村养老服务供给；中观层面，要充分调动市场和其他社会力量参与农村养老体系建设，推动养老服务领域的市场化改革，发挥商业保险对社会养老保险的补充作用；微观层面，要夯实居家养老的基础。[①]

3. 推进农村养老服务的措施

人口老龄化背景下，从乡村建设出发，全面构建农村幸福养老服务体系是一项宏大的系统工程，需要强化各级政府落实规划的主体责任，增加社会财富储备，改善劳动力有效供给，打造高质量的为老服务和产品供给体系，强化科技创新能力，构建养老、孝老、敬老的乡村社会环境。具体措施有：实施"农村养老机构跟着老人走"行动计划，支持专业性养老服务机构建设；创新家庭养老支持政策，加强家庭适老化改造；完善社区居家养老服务网络，全面建立以空巢、留守、失能、重残、失独老人为主要对象的居家社区探访关爱制度；积极推进康养联合体建设，探索设立家庭照护床位，加强养老护理教育培训；丰富老年人精神文化生活，积极建设社区

[①] 梁文凤：《人口老龄化背景下农村养老的现实困境与路径选择》，《经济纵横》2022年第10期。

为老服务活动中心。此外，农村养老保障制度设计调整应继续沿着整合思路，完善农村养老保障整体治理框架，坚持多主体联动治理机制，提升政策目标的细化和共享程度，强化养老保障信息系统建设。[1]如此，才能厚植乡村"老有所养"的治理基石，进一步完善农村养老服务体系，凸显乡村建设的和美内涵。

（四）加强农村未成年人保护

儿童福利和未成年人保护是民生领域的重要组成部分，也是农村基本公共服务的关键内容。落实农村未成年人保护服务，是乡村建设的基石。

1. 农村未成年人保护的现状

2006 年出台的《中华人民共和国未成年人保护法》作出一系列规定，保障未成年人健康成长。2020 年《中华人民共和国预防未成年人犯罪法》旨在保护未成年人免受不良社会因素的影响。2021 年《国务院未成年人保护工作领导小组关于加强未成年人保护工作的意见》从加强组织领导、加大工作保障、充实工作力量、深入宣传引导、强化监督检查等方面对未成年人保护工作提出了明确要求，特别是"推动落实义务教育学校课后服务全覆盖""健全未成年人保护领域慈善行为导向机制""建立统一的未成年人网络游戏电子身份认证系统"等举措，有助于形成未成年人保护的强大合力。

农村孤儿、事实无人抚养儿童、农村留守儿童和困境儿童，是习近平总书记始终牵挂的群体，党和政府一直给予重点关爱。习近平总书记强调，要补齐农村社会福利短板，加强对农村儿童群体的关心关爱。在党中央的领导下，农村孤儿基本生活纳入国家保障，

---

[1] 王辉、刘惠敏：《制度变迁中的农村养老保障政策：整合逻辑与路径选择》，《理论与改革》2023 年第 4 期。

保障标准逐年提高;儿童福利保障对象范围从孤儿逐步拓展到艾滋病病毒感染儿童和事实无人抚养儿童;儿童福利机构优化提质和创新转型高质量发展,孤儿养育模式实现新中国成立以来的历史性跨越,残疾孤儿医疗康复水平显著提高。

2. 农村未成年人保护存在的问题

尽管法律法规在明确未成年人的权利、明确相关主体的责任等方面有了突破与完善,但是难以确保未成年人的权益得到全面及时的保护。一是我国目前仍没有专门的、有行政权力的机构来统一安排、协调和监督未成年人保护工作。① 二是未成年人保护机构基本依托救助管理站设立,且多为内设科室,难以独立承担农村留守儿童关爱保护和困境儿童保障工作。② 三是未成年人分类保护的保障体系不健全。农村未成年人群体的差异化需求明显,统一机械的物质救助方式并不适用。

3. 加强农村未成年人保护的措施

一是探索精准化个人帮扶,进一步强化以人为本、服务为先的理念,着眼未成年人的实际困难和个性化需求,提供心理疏导、精神关爱、权益维护、困难帮扶等点对点服务。二是推进未成年人保护机构建设。要加快推动市级流浪未成年人救助保护中心转型升级,明确机构性质和职责任务,具体承担或指导开展下辖农村未成年人保护政策支持、技术指导、临时监护、个案评估帮扶等工作。落实"十三五"社会服务兜底工程要求,加快推动县级未成年人保

---

① 刘向宁、黄淘涛:《论未成年人保护机构的设置》,《中国青年研究》2007年第10期。
② 杨剑:《对未成年人保护工作贯彻党的十九大精神的初步思考》,《中国民政》2018年第7期。

护机构设施建设，鼓励有条件的市县分设未成年人保护中心。[1] 三是建立未成年人保护热线。各地要在成立未成年人保护中心的基础上，以接入"12345""12355"或通过委托专业社会组织运营保护热线的形式，及时知悉农村未成年人的求助需求。[2] 四是按照民政部、教育部、财政部、共青团中央、全国妇联联合印发的《关于在农村留守儿童关爱保护中发挥社会工作专业人才作用的指导意见》要求，推动社会工作专业人才介入农村留守儿童关爱保护工作，协助做好未成年人保护的专业指导和服务，缓解基层民政力量不够充足、工作方法不够专业、上下信息和服务渠道不够畅通的矛盾。

三、加强农村基层组织建设

农村基层组织是贯彻落实党中央决策部署和开展农村建设工作的战斗堡垒。新时代以来，以习近平同志为核心的党中央高度重视农村基层组织建设，在结合已有理论成果和治国理政新实践的基础上，对加强农村基层组织建设提出具体要求，旨在提升农村基层组织的领导力、组织力、凝聚力。[3]

（一）深化党建引领

党建工作的核心是要强化党对基层治理的领导。党建引领基层治理实际存在两个过程，其一是党组织的自身建设，其二是党组织要

---

[1] 杨剑：《对未成年人保护工作贯彻党的十九大精神的初步思考》，《中国民政》2018年第7期。
[2] 王德峰：《安徽省：力推未成年人保护工作高质量发展》，《社会福利》2021年第12期。
[3] 李楠、乐三：《习近平关于党的农村基层组织建设重要论述研究》，《湘潭大学学报（哲学社会科学版）》2023年第4期。

在基层治理中发挥引领作用。①《乡村建设行动实施方案》明确提出，要深入抓党建促乡村振兴，充分发挥农村基层党组织领导作用和党员先锋模范作用。

1. 党建引领基层组织建设的价值意蕴

党建引领基层组织建设具有丰富的价值意蕴，是新时代坚持和加强党的全面领导的必然选择，是始终坚持以人民为中心的发展思想的生动实践，是有效推进中国特色乡村建设的关键所在。党建引领基层组织建设内蕴着党对基层工作全面领导的客观要求，是坚持和加强党的全面领导的必然选择。中国共产党作为负责任、有担当的执政党，历来重视对基层组织建设的全面领导，并取得了基层组织建设的重要成就，积累了基层组织建设的丰富经验。历史与现实证明，农村基层组织建设只有在中国共产党的坚强领导下才能完成，党是推进基层组织建设的领导力量、核心力量。②新时代以来，在习近平总书记关于党建引领基层组织建设重要论述的科学指导下，农村基层组织对农村建设工作的核心领导作用显著增强。在宣传党的主张、贯彻党的决定、领导基层治理、团结动员群众、推动改革发展等工作中，农村基层组织主动作为，体现了党建引领基层组织建设的强大动力，发挥出农村基层组织建设在乡村建设中的关键作用。

2. 党建引领基层组织建设面临的挑战

农村基层党组织作为党的"神经末梢"和社情民意的直接接触者，其政治生态是否健康，政治风气是否清明，直接关系到党和政

---

① 王德福：《催化合作与优化协作：党建引领社区治理现代化的实现机制》，《云南行政学院学报》2019年第3期。
② 陈松友：《党建引领基层治理的价值意蕴与实现机制》，《国家治理》2023年第12期。

府在广大人民群众心目中的形象，关系到党在基层组织中的凝聚力和战斗力的有效发挥，也关系到农村的繁荣和稳定，更关系到党的执政地位的根基和社会主义事业的兴衰成败。① 当前，一些农村基层党组织成员政治素养不高，部分农村基层党组织政治功能弱化，存在软弱涣散现象，不能充分发挥政治引领、党内管理、服务群众等作用，教育群众、组织群众、宣传群众、凝聚群众等能力也亟待提升。此外，基层组织设置不完善，党建基础工作不扎实，组织生活缺乏活力，党的组织力有待提升，党建引领力有待加强。② 这些都是党建引领农村基层组织建设面临的严峻挑战。为此，要从提高党建引领基层组织队伍的政治能力，强化党建引领的政治功能方面③，推进农村基层组织的大力建设。

3. 深化党建引领基层组织建设的措施

深化党建引领可以保证农村基层组织建设的有序性和先进性。④ 为此，要加强农村基层组织思想建设、组织建设、制度建设和阵地建设。其中阵地建设要将"实践型党建"落到实处，积极开展党员和群众活动、教育培训等凝聚党员和群众力量。实践型党建的核心在于将党员吸纳进入基层组织建设活动中，并调整党组织结构以适配基层组织建设需求，从而利用基层组织建设实践教育党员、优化党组织。⑤

---

① 李楠、乐三:《习近平关于党的农村基层组织建设重要论述研究》，《湘潭大学学报（哲学社会科学版）》2023 年第 4 期。
② 闫肃:《新时代背景下党的基层组织建设研究》，《决策探索（下）》2021 年第 9 期。
③ 付震、史璇:《乡村振兴战略下农村基层党组织政治建设研究》，《新农业》2021 年第 17 期。
④ 张亚青:《加强农村基层组织建设的观念原则和路径探索》，《农村·农业·农民》2022 年第 4 期。
⑤ 望超凡:《实践型党建:党建引领农村基层治理的实践路径》，《兰州学刊》2021 年第 3 期。

此外，党建引领基层组织建设，须提高基层组织的领导力。以支部"五化"建设为标准，不断增加财政投入、发展集体经济、完善组织体系、加强人才队伍建设、健全组织制度，使农村基层党组织成为推进乡村"三治"建设的核心力量。①

（二）注重人才培养

保持农村政治、经济、社会、文化的多元化发展，建设一支思想过硬、人员稳定、素质良好、有威望的农村基层组织人才队伍是关键。

1. 农村基层组织人才建设的政策与现状

千秋基业，人才为本；千秋伟业，人才为先。党的十八届四中全会强调："要建设一支'一好双强'的基层党组织带头人，就要按照新的要求，着力加强基层组织人才建设。"农村基层组织是党的农村政策具体实施者和推动者，肩负着全面推动乡村振兴与推进和美乡村建设的重任，以习近平同志为核心的党中央十分重视加强农村基层组织人才建设，采取了一系列政策措施：其一，选优配强带头人队伍。选优配强乡镇领导班子、村"两委"成员特别是村党支部书记，遴选工作能力突出、政治素质过硬、思想作风优良、热心为民服务、先富共富突出的党员干部充实村"两委"班子。其二，提高党员队伍质量，注重先锋作用的发挥。坚持面向农村基层一线，"努力建设一支信念坚定、素质优良、规模适度、结构合理、纪律严明、作用突出的党员队伍"②，充分发挥党员在乡

---

① 周德祥：《乡村"三治"建设中农村基层党组织组织力提升路径探析》，《中州学刊》2021年第8期。
② 高振岗：《新时代党的基层组织提升组织力的理论探源与实践路向》，《探索》2018年第2期。

村振兴中的带头作用,带动农民群众共同创造美好生活。其三,不断优化农村基层组织结构。针对当前农村年轻党员大量外流、基层干部队伍老龄化严重的现象,拓宽选人用人视野,通过人才吸引、定向培养、统筹招聘等方式,鼓励高素质人才到农村基层任职。

《乡村建设行动实施方案》强调,要充分发挥农村基层党组织领导作用和党员先锋模范作用。选优配强乡镇领导班子特别是党政正职。充实加强乡镇工作力量。持续优化村"两委"班子特别是带头人队伍,推动在全面推进乡村振兴中干事创业。派强用好驻村第一书记和工作队,健全常态化驻村工作机制,做到脱贫村、易地扶贫搬迁安置村(社区)、乡村振兴任务重的村、党组织软弱涣散村全覆盖,推动各级党组织通过驻村工作有计划地培养锻炼干部。加大在青年农民特别是致富能手、农村外出务工经商人员中发展党员力度。

需要指出的是,人才工作的宣传和引导、完善人才选拔体系、实现责任与权利对称、创新培训方式、完善人才建设的激励机制是当下和今后一段时期建设农村基层组织人才队伍的重点任务。

2. 农村基层组织人才建设存在的问题

人才是第一资源,乡村建设行动中需要超常规做好人才引进和激励工作,加快聚集"塔尖"人才,在"人才新政"上下功夫,推进人才服务综合体建设,创造人才引进所需的良好生活环境和发展环境,做好人才关心关注的住房、子女入学、工资税收优惠等"关键小事",不断集聚和培养高素质科技创新人才和复合型人才,基层组织人才队伍才能壮大,乡村建设增添新成就才能有保证。长期以来,乡村发展受到人才短缺、人才外流等问题的制约,发展步伐受阻。现阶段农村基层组织人才建设中存在一些问题,具体有综合因素阻碍优秀人才脱颖而出、责任与权力之间的制约与矛盾、待遇偏低，内生发展动力不足、缺乏有效的培养培训机制、治村人才稀缺，职业发展滞后、人才激励机制有待优化和完善等。[①] 这些问题直接影响着乡村建设的行动成效，尤其是在西部边疆地区，人才队伍建设问题更加突出。

3. 农村基层组织人才建设的实现途径

全面推进中国特色乡村建设，迫切要求补齐农村基层组织人才建设短板，从培养、引进、管理、使用、流动、激励等方面建强农村基层组织人才队伍。

一是培养本土人才。基于用人成本、环境适应性等角度考虑，乡村人才主体应是本土人才。本土人才有着独特的优势，除了自身拥有的专业素养外，他们具有深厚的乡土情怀，熟悉当地的风土人情，对于家乡发展愿意投入更多精力，能够提出更符合实际的办法。首先，为农民工、高层次人才返乡创业就业营造良好环境。其次，重点发挥乡贤等高层次人才作用，为乡贤返乡投资兴业提供专业化的平台和服务，以才引才，以才聚才。乡村人才建设要以"缺什么、补什么、培养什么"为导向，抓好基础教育和职业教育，促进本土人才全面发展。再者，要加强对乡村干部、科技人才等乡村各类现有人才的培养，以需求为导向，制订培养计划。拓宽发展视野和信息渠道，组织开展对外交流、研讨和培训。用好致富带头人，发挥榜样示范作用，形成人才辐射作用。定期举办技能大赛、成果展示等活动，通过搭建展示交流平台让乡村建设人才长见识、磨技艺、

---

① 李达、王俊程：《农村基层组织人才建设的思考与建议》，《新疆社科论坛》2016 年第 6 期。

增才干。①最后，加大在青年农民特别是致富能手、农村外出务工经商人员中发展党员的力度，发挥党员先锋模范作用。

二是精准引才。以地方资源作为发展优势，积极引进适合乡村当地发展的专业型人才，集中精力发展经济，以产业吸引人才、留住人才，为人才提供实现价值的平台。

三是基层引才。通过校地合作培育高校学生乡村就业创业的科学价值观，将"三支一扶"计划和乡村建设行动有机结合，打通高校毕业生服务乡村振兴的职业发展通道。同时，为社会各界人士服务乡村发展提供机会、创造条件②，以投资、办学、行医和咨询等多种方式支持乡村建设。

总的来说，促进城乡人才资源要素流动、完善人才保障机制、加强对人才工作的宣传和引导、完善农村基层组织人才选拔体系、开拓培训方式、构建人才激励机制③，是农村基层组织人才建设的实现途径和主要举措。

（三）完善乡村治理体系

乡村治理是社会治理体系的重要组成部分，是国家治理的基石，也是乡村建设的基础。着力提升乡村治理能力和水平，事关乡村振兴战略大局和乡村建设目标的实现。在乡村治理中，自治、法治、德治既存在手段上的差异性，又具有功能上的互补性。自治是

---

① 付华、田敬瑜:《乡村人才建设要多条腿走路》，《共产党员（河北）》2023第 2 期。
② 黄珺:《乡村振兴背景下科学建设人才支撑体系的重要性》，《现代商贸工业》2022 年第 24 期。
③ 王俊程、胡红霞:《关于西部边疆民族地区农村基层组织人才队伍建设的调研》，《宁夏社会科学》2016 年第 2 期。

社会基础，法治是制度保证，德治是伦理根基。①《乡村建设行动实施方案》明确指出，要完善党组织领导的乡村治理体系，推动网络化管理和服务，做到精准化、精细化、推动建设充满活力、和谐有序的善治乡村。

1. 乡村治理体系的概念内涵

劳动力、技术和资本等要素的流动突破了城乡社会边界，乡村治理不再局限于熟人社会环境下的"规模性治理"，而越发彰显因社会流动而带来的治理主体多元性、治理客体流动性和治理方法的复杂性。②党的农村基层组织是农村基层治理的关键主体，农村社会治理现代化水平能否提升，关键在于党的农村基层组织能否充分履职尽责，以基层党建引领农村社会治理。习近平总书记关于党的农村基层组织建设重要论述，明确指出了在新时代的实践场域下，党的农村基层组织应当扮演的角色和必须履行的职责，这为党的农村基层组织加强自身建设、引领农村社会治理明确了前进方向。

加强乡村建设行动中的乡村治理，是推进乡村振兴，提升广大农民群众获得感、幸福感、安全感的必由之路。完善党组织领导的乡村治理体系，推行网格化管理和服务，做到精准化、精细化，有利于推动建设充满活力、和谐有序的善治乡村。乡村治理体制日益向精细化转变，突出典型体现在村干部坐班制、职责分工、绩效考核、问责体制四个方面。制度精细化多发生在发达地区的农村，其动力来自于规范权力运作的政治目标。③制度精细化趋势背后应察

---

① 程传兴、廖富洲:《完善"三治融合"乡村治理体系的对策研究》，《中州学刊》2023年第8期。
② 李修远:《新时代乡村治理创新：动态演进、关键问题与路径选择》，《重庆工商大学学报（社会科学版）》2024年第2期。
③ 宋丽娜:《乡村治理中的制度精细化及其实践机制》，《华南农业大学学报（社会科学版）》2017年第3期。

党村民自治制度框架下的基层组织建设效果。组织网络、制度型塑与能力提升作为党建引领乡村治理的三重路径[①]，有效提升了乡村基层组织和个体的治理能力。在国家精细化治理要求和村民精细化治理诉求的双重压力下，基层组织政策执行的精细化、村干部权责的精细化以及村民日常生活的精细化[②]，体现出服务型基层组织建设内涵与乡村基层治理的有效性。

"三治合一"乡村治理体系，是指"自治、法治、德治"三治合一的现代性乡村治理体系，最早源于浙江桐乡的乡村治理实践。它既是推进国家治理体系和治理能力现代化的基础和前提，也是实现乡村治理体系和治理能力现代化的应有之义，更为有效推进乡村建设行动提供科学的方法论指引。[③]新时代中国乡村治理的内在逻辑与实践指向是，坚持党对乡村治理工作的领导，坚持农民在乡村治理中的主体地位，繁荣发展乡村文化，强化乡村治理现代化的法治保障，引导社会协同性力量的广泛参与。[④]乡村治理体系现代化是乡村治理能力现代化的前提，关系到乡村建设行动的成效。

2. 乡村治理体系存在的问题

新时代以来，农村基层党组织在宣传党的主张、贯彻党的决定、领导基层治理、团结动员群众、推动改革发展等工作中主动

[①] 郝炜：《组织网络、制度型塑与能力提升：党建引领乡村治理的三重路径——以山西省"三基建设"为例》，《治理研究》2021年第2期。
[②] 郭占锋、李轶星、张森：《迈向精细化的乡村治理——以一个陇西移民村的治理实践为例》，《西北农林科技大学学报（社会科学版）》2021年第1期。
[③] 肖杨飞英、王久齐：《构建"三治合一"乡村治理体系的现实意蕴及优化路径》，《西昌学院学报（社会科学版）》2023年第2期。
[④] 何阳、孙萍：《"三治合一"乡村治理体系建设的逻辑理路》，《西南民族大学学报（人文社会科学版）》2018年第6期。

作为，创新乡村治理方式，推进平安乡村、法治乡村、美丽乡村建设，着力构建乡村治理新体系，实现了农村社会治理的和谐有序，夯实了党的执政基础。当前乡村治理面临阶段性困境，离农人口两栖化、治理机制碎片化、形式主义、村域公共文化衰退等问题广泛存在，制约着乡村建设行动的推进。自治功能遭到削弱、乡村原有传统价值体系受到冲击、法治乡村建设陷入困境等多重现实挑战也日益凸显。乡村治理实践中依然存在着基层党组织领导能力不足、"三治融合"机制不完善、乡村治理效能不高等主要问题。城乡要素配置失衡、乡村社会共同体逐渐瓦解等不利因素在乡村建设行动进程中暴露无遗，地域环境的客观性、乡村共同体的塑造性、农村集体经济的组织性、外部因素的影响性仍然是乡村治理体系动态演进的逻辑取向。[1] 此外，乡村治理还存在多元共治格局不成熟、治理机制不完善、治理"内卷化""碎片化"问题突出、治理主体能力普遍较弱、治理方式现代化水平不高等突出问题。[2]

3. 完善乡村治理体系的路径

《中共中央 国务院关于实施乡村振兴战略的意见》提出坚持自治、法治、德治相结合，确保乡村社会充满活力、和谐有序。乡村治理体系的内在逻辑是自治为基、法治为本、德治为先。三者的"最优融合发展"需要坚持党对乡村治理工作的领导，坚持农民在乡村治理中的主体地位，繁荣发展乡村文化，强化乡村治理现代化

---

[1] 陈松友、卢亮亮：《自治、法治与德治：中国乡村治理体系的内在逻辑与实践指向》，《行政论坛》2020年第1期。
[2] 李三辉：《乡村治理现代化：基本内涵、发展困境与推进路径》，《中州学刊》2021年第3期。

的法治保障，引导社会协同性力量的广泛参与。[①]通过加强农村基层党组织对"三治合一"的引领能力、健全完善村民自治制度、建立健全德治教育制度以及法治保障制度等一系列措施，可推动实现党建引领下的自治、法治、德治有机融合。健全县乡村三级协同治理组织体系、探索创新自治法治德治有效实现形式、着力创造保障条件，是完善"三治融合"乡村治理体系的有效路径。推动整体协调治理，实现村级治理范式的"嵌入性整合"，突破治理机制碎片化困境；鼓励动态平衡发展，健全城乡要素互动的"联动性发展"机制，激活城乡融合高质量发展内生动力；提升思想价值意识，通过"公共性赋能"强化村域自治，保障村落集体利益的多元供给，是完善乡村治理体系的整体布局。

结合上述乡村治理现代化的实践路径，乡村社会的有效治理要坚持以下要点：一是必须解决好"为了谁"的问题。村民既是乡村治理的参与者，也是最大受益者。要围绕乡村治理中的痛点和难点，帮助村民解决实际困难，持续加大公共服务产品的优质供给，同时逐步扩大村民参与乡村治理的广度与深度，调动广大村民积极性、主动性和创造性，有效发挥村民在乡村治理中的主人翁作用。二是必须解决好"谁来干"的问题。实现乡村有效治理，归根究底还是要靠人才。解决了乡村治理人才问题，就牵住了乡村治理的"牛鼻子"。要引导农村致富能手、外出务工经商人员、高校毕业生等在乡村治理中发挥积极作用，充分发挥党员在乡村治理中的先锋带头作用，为乡村治理提供有效智力支撑和人才保障。三是必须解决好"怎么干"的问题。治理机制上，推进乡村治理体系和治理能力现代化，需要建立健全党委领导、政府负责、社会协同、公众参与、法

[①] 陈松友、卢亮亮：《自治、法治与德治：中国乡村治理体系的内在逻辑与实践指向》，《行政论坛》2020年第1期。

治保障、科技支撑的现代乡村社会治理体制,构建共建共治共享的乡村社会治理格局。服务策略上,要推行网格化管理和服务,做到精准化、精细化,推动建设充满活力、和谐有序的善治乡村。行动理念上,要实施乡风文明培育行动、推进平安法治乡村建设、打击违法犯罪行为……要在基层党组织的统筹领导下,综合施策,协调各方力量,打出乡村治理的"组合拳",探索形成适合本地的乡村治理机制,夯实乡村建设的社会基础,维护乡村社会平安稳定,取得更多"看得见"的成效。

四、推进农村精神文明建设

新时代农村精神文明建设是全面推进乡村振兴"塑形铸魂"的重大任务,其对于推进物质文明和精神文明相协调的和美乡村建设具有重要意义。深入推进农村精神文明建设是乡村建设行动的重要内容,包括强化教育引导和加强农村公共文化建设两个方面。

(一)强化教育引导

乡村建设背景下农村精神文明建设的一个重要任务,就是要提高农民的文明素质,使广大农民群众的思想观念、文化素质、生活方式、行为习惯逐步与建设宜居宜业和美乡村的目标和要求相适应。这需要强化教育引导,一是深入开展学习贯彻习近平新时代中国特色社会主义思想主题教育,广泛开展中国特色社会主义和中国梦宣传教育,加强思想政治引领。二是弘扬和践行社会主义核心价值观,推动其融入农村发展和农民生活。

1. 开展红色主题教育

要广泛开展红色主题教育,提高农民的政治素质,坚持用理论武装农民群众，用群众乐于接受的形式和通俗易懂的语言进行"爱国主义、集体主义、社会主义教育和世界观、人生观、价值观教育"[1]，引导农民群众对中国特色社会主义的政治认同、理论认同、情感认同。习近平总书记指出："为实现中华民族伟大复兴的中国梦而奋斗"。推进农村精神文明建设，在农民群众中深入开展中国特色社会主义和中国梦宣传教育，是提高农民群众思想文化水平的应有之义，是提升农民整体素质的重要途径。

2. 践行社会主义核心价值观

推进农村精神文明建设，要持久开展社会主义核心价值观宣传教育。其一，强化社会主义核心价值观宣传教育，着力培育新型农民。充分运用新时代文明实践中心（所、站）、习近平新时代中国特色社会主义思想实践实训基地、爱国主义教育基地、党员活动室、文明讲堂等活动平台，大力开展形势政策宣传教育。其二，注重社会主义核心价值观实践养成，着力培育文明乡风。其三，注重社会主义核心价值观融入乡村治理，着力培育共治共享乡村。[2]

新时代农村精神文明建设要以习近平文化思想为引领，践行社会主义核心价值观，注重方式创新。一是要围绕践行社会主义核心价值观广泛开展思想道德教育，提高农民的思想道德素质。社会主义核心价值观是中国特色社会主义的思想道德基础，从国家、社会、公民三个层面提出了价值要求，为农村精神文明建设指明了目标和发展方向。农村精神文明建设要以社会主义核心价值观为主线，贯穿工作的全过程。在农村精神文明建设过程中，要重视社会公德、

---

[1] 吉炳轩：《加强农村精神文明建设 倡导健康文明新风尚》，《求是》2006年第8期。
[2] 夏明：《以"三个美起来"抓实农村精神文明建设》，《社会主义论坛》2023年第7期。

职业道德、家庭美德、个人品德培育，弘扬真善美，传播正能量，鼓励农民群众明德惟馨、见贤思齐，形成知荣辱、讲正气、促和谐的良好道德风尚。二是要坚持实践养成、制度保障双管齐下。运用民间文化、地方戏曲、乡间小调等地方特色载体，推动社会主义核心价值观融入农村经济社会发展全过程和各方面。开展有针对性的形势政策教育，扎实推进民主法治宣传教育，把社会主义核心价值观融入执法司法守法等各环节，使社会主义核心价值观真正在广大农村地区落地生根。

（二）加强农村公共文化建设

推动农村精神文明建设除了要加强思想道德建设，还要注重农村公共文化建设。要以拓展创建活动载体、丰富农村文化产品和服务为抓手，提升精神文明建设工作的保障力度，提高农民文明素质，提升农村社会文明程度和农民精神文化生活水平。具体而言，可以从加强文化设施建设与文化服务供给、推进移风易俗、开展各类文体娱乐活动、选树先进典型、制定村规民约等方面着手。

1. 拓展创建活动载体

建设新时代文明实践中心。党的十八大以来，以习近平同志为核心的党中央对加强基层思想政治工作、夯实党的执政基础高度重视，作出了建设新时代文明实践中心的重大部署。建设新时代文明实践中心，是打通宣传群众、教育群众、关心群众、服务群众"最后一公里"的重要举措。新时代文明实践中心，是着眼凝聚群众、引导群众，以志愿服务为抓手调动各方力量，以资源整合为重点打造工作平台，以群众需求为导向创新方式方法，让中国特色社会主义文化、社会主义思想道德牢牢占领农村思想文化阵地，提升农民精神风貌的重要活动载体。①

深入开展农村精神文明创建活动。积极开展文明村镇、文明家庭、身边好人等评选表彰活动。采取自荐、互评、道德评议会审核的方式，评选表彰群众看得见、摸得着、学得到的"草根英雄"，通过榜样的示范引领作用，把他们的先进事迹传播到千家万户，激励村村、户户、人人学先进、争优秀、做模范，促进形成文明乡风、良好家风、淳朴民风。

开展移风易俗活动。通过制定和完善村规民约、展示家规家训、宣扬乡贤文化等活动，让农民群众在潜移默化的熏陶中树立文明新风尚；成立道德评议会、红白理事会、禁毒禁赌会等群众自治组织，引导农民树立新风、破除陋习、崇尚科学、抵制迷信、崇德向善、远离邪恶，培育健康文明的生活方式，推动农村社会风气的根本好转。推进全民健康生活方式行动，提升个人健康意识和行为能力，推动科学健身、全民健身。宣传普及社会交往、公共场所、文明交通、文明旅游、文明上网等方面的礼仪规范，引导农村群众自觉遵守公共秩序和规则。

选树农村道德典型。大力弘扬中华传统美德，持续深化社会公德、职业道德、家庭美德、个人品德建设。广泛开展学习时代楷模、道德模范、最美人物、身边好人等活动，开展"好邻居""好媳妇""好公婆"评选和寻找"最美家庭"、文明家庭创建、邻里节等活动，大力宣传展示农村群众的美德善行，用有形的正能量、鲜活的价值观，引领农村文明新风尚。综合运用宣讲报告、事迹报道、文艺作品等形式，以及农村教育基地和革命纪念设施、公共文化设施，开展生动鲜活的道德教育，培育乡村建设的道德力量。

---

① 张金强：《新时代推进农村精神文明建设路径探究》，《农村经济与科技》2019年第10期。

2. 丰富农村文化产品和设施

推进乡村文化设施建设。加大资金投入力度,实施文化惠民工程,进一步完善乡镇文化站、村文化室、农村电影放映厅、阅览室、农家书屋、文化大院等乡村文化阵地的设施条件和功能用途,提高文化阵地的集成化和兼容性,最大限度地满足农民群众读书看报、观赏影视、随时上网、休闲娱乐、文体活动等基本文化生活需求。

开展乡村文体娱乐活动。广泛开展文化科技卫生"三下乡"、"结对子、种文化"等群众性文化活动,加强乡镇综合文化站、村综合文化中心、农民广场等基层文化设施的建设管理使用,鼓励和扶持群众性文艺社团、演出团体、文化队伍,培育扎根农村的乡土文化人才,开展文化结对帮扶,增强基层文化造血功能。

3. 调动农民群体的参与热情

农村现代化是农村治理、农村文化以及农民生活的现代化。农村精神文明建设受现代化进程和社会转型等因素影响,面临提振农民精气神的挑战。有学者提出从加强"三治融合"以激发农民的主体意识、坚持"三生并举"以提升农民的认同感与归属感、注重文化建设以提高农民的文化素养三方面出发加强农村精神文明建设。[1]

制定村规民约。村规民约是依据法律和乡村社会的交往原则,重新构建的一套新的符合时代要求的、乡民认可的行为规范体系。[2] 其作用在于凝聚村庄共识,激发精神力量,提升价值认同。这一套行为规范体系能够凝聚人心,通过道义整合利益,形成一套适应乡村时代发展要求的共享价值规范体系,进而为村民自治提供

---

[1] 蒙象飞:《农村社会主义精神文明建设现状探析》,《毛泽东邓小平理论研究》2021年第11期。

[2] 胡鹏辉、高继波:《新乡贤:内涵、作用与偏误规避》,《南京农业大学学报(社会科学版)》2017年第1期。

保障，最终形成村民自治的价值认同和行为规范基础。[①]发挥村民议事会、道德评议会等自治组织的积极作用，引导农民自我教育、自我服务、自我提高，是调动农民群体参与农村精神文明建设积极性的重要方式。[②]

治理不良风气。农村高价彩礼、人情攀比、封建迷信等不良风气的存在，是由于国家治理取向偏失和农村长期缺乏内在治理要素培育，同时现代化转型严重冲击乡村内部治理，导致农村处于"失魂""失根""失血"状态。要破解当前农村不良风气，必须加强农村文化治理，强化农村公共文化服务供给，传承和发展乡村文明，激发乡村内在文化动力，为乡村社会注入新资源、新要素、新活力。[③]要激发农民群体自主意识，完善村民自治制度，激活乡村文化治理内在动力。

广泛开展文明实践志愿服务。加快推进农村志愿者队伍规范化建设，既能有效推进乡村建设，也可助力提升乡风文明水平。一是志愿服务构建村庄"新社群"。志愿服务活动等符合公共利益的集体行为是培育"集体归属感"的重要载体和增进彼此交流的重要平台，要善于抓住村民的"从众"心理，从先进分子开始、从党员干部开始，不断扩大组织范围和提升社会影响力，打造"新型村庄社交生态圈"，把原本被农闲时期传闲话、无事生非等不良行为占领的"精神阵地"抢占回来，最终吸引群众从"旁边看"到"一起干"。二是志愿服务焕发乡村精神文明新气象。志愿服务队伍是行政村以

[①] 温啸宇、林思成、彭超:《新时代农村精神文明建设路径探索》，《西北农林科技大学学报（社会科学版）》2024年第2期。
[②] 傅华:《加强农村社会主义精神文明建设》，《农村工作通讯》2020年第15期。
[③] 李敏、张利明:《当前农村不良社会风气的态势、成因及对策——基于全国200多个村4000多家农户连续3年的调查》，《西北农林科技大学学报（社会科学版）》2018年第2期。

下乡村微治理的重要力量,在垃圾分类、环境治理、矛盾调解、扶贫济困、助推乡风文明等方面发挥着重要作用,也为村庄储备后备干部打下了基础。但要注意的是,志愿活动更加需要表彰先进榜样,才能发挥模范引领作用,从而不断增强农村群众参与志愿服务的内生动力。[1]

---

[1] 温啸宇、林思成、彭超:《新时代农村精神文明建设路径探索》,《西北农林科技大学学报(社会科学版)》2024年第2期。

第七章
构建乡村建设行动的推进机制

《乡村建设行动实施方案》对大力实施乡村建设行动作出全面部署，对加快推进村庄规划工作、加快乡村公共基础设施建设和整治提升农村人居环境等工作提出具体要求。乡村建设涉及动用公共资源，而全国各地的村庄状况和农民需求存在显著差异，提升农民的获得感、幸福感和安全感是乡村建设取得实际成效的关键。因此，构建高效的乡村建设行动推进机制至关重要。

一、乡村建设行动的推进现状

2020 年底，国家部署乡村建设行动后，全国 31 个省区市积极响应，多个省份发布省委一号文件，明确"十四五"农业农村专项规划以及乡村振兴五年行动计划，制定了具体的工作安排。河南、甘肃、河北等 3 个省份还制定了专门的实施方案。

总体来看，乡村建设行动迎来了良好的开局，也取得了阶段性的成果，但在此过程中，也显现了一些亟待解决的问题。要进一步理顺体制机制，确保乡村建设真正以农民为中心，使之成为符合农民利益的实际工程。唯有把好事办好、把实事办实，方能确保乡村建设行动持续发挥成效。

（一）乡村建设行动开局良好

2021年以来，31个省区市乡村建设行动全面启动，各项重点任务稳步推进，确保了乡村建设行动开好局、起好步。

1.因地制宜稳步推进乡村建设

各省区市结合自身实际、灵活推进乡村建设行动。例如，河南省制定了《河南省乡村建设行动实施方案》，在科学规划乡村、实现城乡基础设施一体化、提升城乡基本公共服务均等化、改善农村人居环境等方面作出了具体安排，并配套出台13个重点任务专项方案协同推进。河北省则颁布了《河北省美丽乡村建设行动实施意见（2021—2025年）》，在农村人居环境整治的基础上全面推动美丽乡村建设。此外，甘肃省发布了《甘肃省乡村建设行动实施方案》，以试点示范引领的方式推动乡村建设，积极探索适应各地实际的乡村建设模式。

2.初步确立规划引领理念

各省区市普遍将规划编制置于乡村建设行动的首要位置，围绕"为谁编、谁组织、谁来编"进行深入探索。一是在确定需要规划编制的村庄问题上，各地坚决贯彻"有条件、有需求的村庄尽快实现规划全覆盖"的原则，结合实际情况明确规划编制的范围。例如，贵州省明确提出了实现行政村和30户以上的自然村寨的规划全覆盖，宁夏回族自治区提出了为需要集聚提升的乡村进行规划编制。这表明各地在规划编制方面采取了有针对性的措施，确保了在有条件、有需求的情况下，尽快实现乡村规划的全面覆盖。这一措施有助于为乡村建设提供有力的引导，确保规划的编制与实际需求相匹配，推动乡村建设更加有序有效进行。二是部分省区市明确了组织规划的责任主体。例如，河北省和河南省将乡镇设定为乡村规划编制的责任主体，湖南省要求县乡级政府协同推进乡村规划的编制与实施工作，安徽省则提出建立由县级主要领导负责的乡村规划编制委员会。这些做法反映了不同地区在乡村规划方面的差异化探索。河北省和河南省通过赋予乡镇更多责任，强调地方层面的主导作用。湖南省强调了县乡级政府的协同合作，以确保规划的一致性和整体性。安徽省则通过设立县级委员会来集中领导规划编制的工作。三是对于乡村规划编制的人才支持问题，云南省、湖南省要求加强乡村规划管理队伍建设，黑龙江、河南、山东、广东、重庆等省市提出支持规划师、建筑师、工程师等下乡服务乡村，福建省提出支持台湾乡建乡创团队参与美丽乡村建设。①

3. 重视保护乡村特色风貌

部分省区市提出保留乡村特色风貌、防止千村一面现象，并制定了建设标准和方法。例如，北京市通过提供通用标准农房图集，以确保规划设计中包含体现地域特色的农房色彩和样式；河南省划定了全省乡村风貌分区和特色风貌带，明确了各地乡村风貌的塑造方向；陕西省推行乡村设计制度，强调对乡村风貌设计的指导和约束；海南省则要求村庄规划体现椰风海韵、热带雨林、黎苗特色、南洋文化等乡村特色风貌。为防止"大拆大建"现象，各省区市都强调了严格规范村庄撤并的原则。此外，各地还规定不得违背农民意愿，也不得强迫农民"上楼"。浙江省和宁夏回族自治区更进一步提出了撤并搬迁负面清单和指导意见，既尊重民意也保证村庄建设的合理性。

---

① 孙乔婧、刘武根：《乡村治理视域中的村级组织建设》，《人民论坛》2023年第8期。

4.完善基础设施和公共服务

自2021年起,全国范围内的乡村基础设施建设和公共服务改善工作明显加速,服务范围也在不断扩大。在基础设施建设方面,山东省启动了五年内提升农村公路质量的项目,到2021年8月底,该项目的累计投资已达约189亿元。吉林省则着手实施乡村新型基础设施建设计划,推进乡村第五代移动通信和移动物联网全覆盖。在农村居住环境改善方面,厕所革命持续推进,甘肃省的卫生厕所普及率从2018年底的10%增至2020年底的33.2%,并在2021年新改建50万座厕所;安徽省在2021年改建超过40万座厕所,并力争到2025年实现卫生厕所的全面普及。在公共服务领域,河南省提出了推动县域公共文化服务标准化方案,于2021年出台了《县域基本公共文化服务目录》;河北省则计划建设高标准的综合文化服务中心和标准化卫生所,同时在人口密集的村庄建设标准化的幼儿园或小学。

(二)乡村建设行动的挑战

虽然乡村建设行动开局良好,但目前大多数地区尚未形成有效的推动机制,导致工作进展参差不齐。此外,乡村建设行动还面临乡村规划的编制难度大、基础设施建设不足,以及对大规模拆建活动缺乏有效制约等挑战。

1.推进机制不明确

乡村建设行动是一项综合性任务,涉及规划设计、基础设施建设、公共服务和城乡一体化等多领域,因此需要多部门协同合作。当前,绝大多数地区缺乏明确的推进机制,只有河南和甘肃提出了以省为主导、市县负责实施的工作框架。同时,各地的资金投入机制也不明确,仍然依赖于财政专项资金,缺乏综合性和整体性的支持体系,与中央提出的形成多元化资金投入格局的要求尚有较大差距。

2. 规划编制不清晰

乡村规划是乡村建设的施工图,对破解乡村存在的"有新房没新村、有新村没新貌"的难题起着至关重要的作用。然而,目前许多乡村规划编制面临对象不明确、主体不明确、资金缺乏等问题。

在实际操作中,多地提出的乡村规划覆盖"有条件、有需求"的村庄的标准并不清晰。一是缺乏具体的操作细则。比如对于符合条件的村庄,如何确定规划编制的优先顺序没有明确的指导方针,易导致规划编制的推进过程不规范。二是规划编制主体的确立存在分歧。有的地方规定由县政府牵头,而有的地方则由乡镇政府主导,缺乏统一的管理体系,这可能导致规划编制过程中的沟通和协调成本增加,进而影响规划的实施效果。三是在规划编制经费方面存在较大的挑战。2019年底完成的全国农村集体资产清产核资结果显示,全国仅有10.4%的村级资产经营收益在50万元以上,而且主要集中在城中村、城郊村和资源充沛的村庄。相反,大多数乡村规划编制都面临资金不足的问题,这给规划的实施带来了不利因素。

因此,解决乡村规划编制面临的问题需要明确规划覆盖标准、建立统一的规划编制主体管理机制,同时探索多元化的资金支持渠道,以确保乡村规划的顺利、有效实施。

3. "硬件"与"软件"融合不足

一些地区在乡村风貌塑造与功能完善之间缺乏协调一致性,导致表面装饰优于内在品质提升,硬件设施发展超前于软件服务发展,以及人工干预过度而忽视了与自然元素的融合。这种现象体现在，一些地区更注重乡村外观修饰和道路美化等表面工作，而在乡村文化保护、满足民众需求等软件方面则重视程度不够。在乡村项目建设和考核周期的限制下，这种倾向更为显著。虽然硬件基础设施的改善相对明显，但在设施的持续运维和功能发挥上却缺乏长效机制。例如，在一些地区，厕所改造项目忽略后续的管理和维护；乡村风貌趋向城市化和同质化，与自然环境融合不足，如将原本的菜园、果园改造成人工草地或绿化带，失掉了乡村应有的风貌和韵味。

4. 村庄撤并约束不强

《乡村振兴战略规划（2018—2022年）》中明确了乡村发展中集聚提升类、城郊融合类、特色保护类以及搬迁撤并类四种发展类型，农村居民点迁建和村庄撤并，必须尊重农民意愿，并经村民会议同意，不得强制农民搬迁和集中上楼。在具体实施过程中，地方推进合村并居的规模力度大、持续时间长，以山东省为例，早在2009年德州就已将8319个行政村合并为3227个行政社区（村），2019年莱西将861个村庄合并为142个村庄，2020年初胶州提出将纳入合村并居范围的656个建制村合并为119个新村，这种大规模撤并引起争议。这些行动表明，尽管中央和省级政府都强调在乡村发展中应规范村庄的合并工作，但具体实施中仍需要进一步明确指导。

二、乡村建设行动的推进机制分析

乡村建设需动用大量的公共资源，加之全国各地村情及农民需求差异巨大，因此，构建有效的乡村建设推进机制，对于保障乡村建设取得实效，提升农民获得感、幸福感和安全感至关重要。

（一）构建乡村建设推进机制的意义

我国地域广阔、各地乡村差异显著，制约农民享受现代化成果的因素复杂多样，即使在同一地区，不同农民对乡村建设的需求和紧迫感也存在差异。乡村建设的投资、建设和受益主体分离，要求建立一个有效的推进机制，有效推进公共资源和社会资源的优化组合，从而保障乡村建设行动持续发挥成效。[1]

1. 自上而下的推进机制存在缺陷

实施乡村建设行动过程中，公共资源的分配与使用是主要难点。乡村建设主要发生在农村地区，目的是让当地农民共享改革发展成果。然而，公共资源通常来自乡村以外的上级机构或非市场的其他地区，特别是在中国的中西部地区，大多依赖外部资源的注入。在乡村建设中，资源分配和使用的决策权是由上级或外部机构控制还是由当地农民决定，这成了一个关键问题。尽管理论上应两者结合，但在实际操作中，资源的使用通常由资源提供者决定。由上级财政主导的乡村建设，类似于其他公共工程，通常是由上层设计项目再争取预算，或者先获得预算再设计项目。一旦获得资金，无论是以事前拨付还是以奖代补的形式，乡村建设都会根据项目设计来实施，达到一定资金规模的项目需要公开招标。在此过程中，乡村建设项目主要由财政预算推动，农民较难参与其中。

这种自上而下的乡村建设的推进机制，虽然保证了财政绩效，但农民的参与度不高，获得感不强。例如，中西部地区的一些乡镇建设了现代化学校，但由于师资力量不足，教育质量无法保证，导致当地农民不愿意送孩子到这些学校。又如，有些地方按标准改造

---

[1] 李国祥：《实施乡村建设行动要注重构建有效推进机制》，《中国党政干部论坛》2021年第3期。

农村厕所,但由于设计和样式的选择没有农民参与,加之污水排放系统不完善,导致改造后的厕所无法使用,成为无用的装饰。

国际上,自上而下或外力推动的乡村发展大多未能成功。20世纪50年代,国际机构、发达国家和社会组织开始探索乡村发展道路。总体而言,亚洲和拉丁美洲在推进农业现代化方面较为成功,而非洲和其他地区的乡村建设尝试则大多失败。到了60年代末,依赖外部援助进行农村社区发展和乡村激活的实践基本被放弃。福特基金会和世界银行在20世纪70年代初探索的农村全面发展模式,核心是将提高农业生产率与满足农民基本需求结合起来。尽管如此,到了80年代,这种模式由于缺乏可持续性而几乎消失,因为它是自上而下的推进模式,运作成本高、面临管理挑战且更利于富人群体。

2. 构建有效的乡村建设推进机制的重要性

有效的乡村建设推进机制的重要性体现在多个方面。一是促进平衡发展。城乡发展不平衡是许多国家面临的主要问题。有效的乡村建设推进机制有助于缩小城乡差距,确保城乡居民享受均等的发展机遇和生活质量。二是提升乡村经济实力。通过引入现代农业技术、增强农业产业链、鼓励非农产业发展等有效的乡村建设推进机制,能够有效提升乡村地区的经济实力。三是保护乡村自然环境和人文环境。乡村建设不仅要关注经济发展,还要着眼于生态保护和文化传承。乡村建设推进机制需要平衡发展与保护,确保乡村环境的可持续性和文化的多样性。四是提高农村居民生活质量。改善乡村基础设施如交通、医疗、教育和信息通信,以及提供更多就业机会,可以显著提高农村居民的生活水平。五是促进社会和谐。构建有效的乡村建设推进机制有助于缓解城市过度拥挤、交通拥堵和环境污染等问题,通过平衡城乡发展,促进社会整体和谐。六是增强乡村自我发展能力。有效的乡村建设推进机制可以培育乡村内部的经济活力和社会创新，增强乡村的自我发展和自我完善能力。

综上所述，构建乡村建设的有效推进机制不仅对乡村地区自身发展至关重要，也是实现全国经济社会可持续发展的重要一环。

（二）确立乡村建设有效推进的目标

习近平总书记在全国脱贫攻坚总结表彰大会上的讲话强调，要持续缩小城乡区域发展差距，让低收入人口和欠发达地区共享发展成果，加快农业农村现代化步伐，促进农业高质高效、乡村宜居宜业、农民实现富裕富足。

在实施乡村建设行动时必须全面准确理解乡村建设行动的真正目的是推进农业农村现代化，而农业农村现代化的过程是逐步解决农村面临的问题、缩小城乡差距的过程，其核心是实现基本消除城乡差距。[①]因此，对乡村建设的评估应该着眼于农民的获得感、乡村自我发展条件的改善、乡村内生发展能力的提升，并强调构建有效推进机制的重要性。要从加快乡村基础设施建设、推进公共服务均等化、整治乡村人居环境，以及加强农村精神文明建设等方面构建有效的乡村建设行动推进机制，使农民过上现代文明的生活，并在此基础上进一步提升乡村的自我发展能力和内生发展动力。

1. 基本公共服务的供给与村庄的建设和保护

乡村建设行动不仅要关注政策的制定和资源的投入，还要考察基本公共服务的提升、村庄的保护和建设、农民群众生活条件的改善、收入水平和教育医疗资源的提升，从而真正提升农民群众的获得感、幸福感。

[①] 文丰安：《中国式现代化进程中城乡融合高质量发展的路径探析》，《海南大学学报（人文社会科学版）》2023年第5期。

全面考察基本公共服务和村庄建设，可以更深入地了解公共资源投入的具体效果，有助于确保乡村建设不仅仅是在表面的硬件建设，而更关注乡村的实质进步，以实现乡村社区的可持续发展。在考察公共资源投入乡村建设的成效时，特别需要关注基本公共服务的提升和村庄的保护与建设。

农村基本公共服务涉及教育、医疗服务、基础设施建设、社会保障体系、文化体育服务与信息化服务等领域。具体来讲就是要考察农村学校的建设和改善，师资力量的培养，以及教育资源的配置，重点考察乡村学生的学业水平和教育机会是否得到提升；着眼于乡村医疗卫生服务的改善，如卫生院和诊所的建设、医生的配置，以及基本药物的供应，关注农民的健康水平是否得到提升；考察交通、通信等基础设施的投入和改善，了解他们的生活便利性是否提高；考察社会保障制度是否健全，以及相关政策的实施效果；考察是否有文体活动和设施的投入，例如图书馆、文化活动中心、体育场馆等，以提高乡村居民的文化娱乐水平；着重关注乡村信息化水平的提升，包括宽带网络的覆盖、电子商务的推广，以及数字技术在农业生产中的应用。①

村庄的保护和建设包括文化景观规划、灾害防治体系建设、农村旅游发展、生态环境保护、文化遗产保护、社区公共空间建设、社区共建共治，具体来讲主要是考察乡村文化景观规划，传统建筑保护，村庄整体设计美感和文化内涵；村庄的防灾减灾能力，包括抗震、防洪等基础设施建设，乡村旅游规划，如村庄的自然环境和文化遗产情况，旅游经济发展情况；乡村生态环境保护，如水土保持、植被恢复等措施，农田和自然资源的可持续利用情况；乡村文

---

① 吴新叶：《乡村振兴背景下的韧性乡村建设：学理与路径》，《贵州社会科学》2023年第6期。

化传承，传统建筑、手工艺等文化遗产保护，强化乡土文化的传统性和独特性；乡村公共空间建设，包括公园、广场等，是否能为乡村居民提供休闲娱乐的场所，增进社区凝聚力；社区居民是否有参与基本公共服务提升和村庄建设的机会，推动社区共建共治，培养居民的参与意识。考察村庄自治体系，要着重考察乡村自治体系建设情况，如村民委员会的选举和运作，自治经费的使用，以及农民在村庄事务中的参与程度。

2.乡村内生发展能力的提升

无论何种模式，有效的乡村建设都要以农民的需求为基础，以农民的获得感和幸福感为评价标准。这就需要我们在乡村建设过程中充分尊重和发挥农民的主体作用，同时重视公共资源对乡村建设的关键影响。通过广泛的民众参与和健全的推进机制，我们将有可能克服乡村建设难题，真正实现农民共享现代文明的目标。

乡村内生发展能力的提升，需要乡村在发展中具备更多的资源、技能、机遇，以及具备更强的自我发展和应对挑战的能力。强调评估乡村自我发展条件改善和内生发展能力提升的重要性，是因为这两个方面直接关系到乡村的可持续发展和抗风险能力。这两个方面相辅相成，共同推动乡村朝着更加可持续、多元化和自主的方向发展。

在评估自我发展条件方面，一是考察资源的可利用程度，评估乡村所处地区的自然资源，包括土地、水资源等，确保有合理的资源规划和管理，以促进可持续发展；二是考察吸引外部投资和资金的能力，即考察乡村是否能够吸引外部投资，支持基础设施建设、产业发展等，推动乡村经济增长。

在评估内生发展能力方面，一是考察技能培训和农业技术应用，了解农民是否接受过现代农业技术的培训，以及他们在农业生产中是否应用了先进的农业技术以提高农业生产效益；二是考察社区组织和管理水平，观察村庄内部是否建立有效的社区组织和管理体系以提高村庄自我管理能力；三是考察农民把握机遇和应对挑战的能力，评估乡村是否能够抓住市场机遇促进乡村经济多元化，评估乡村的灾害防范措施和应急响应机制，提高农民面对风险时的经济保障能力。

通过综合评估这两个方面，可以更全面地了解乡村的自我发展状况，有助于制定有针对性的政策措施，推动乡村实现资源的充分利用和技能水平的提升，更好地把握市场机遇、应对各类挑战，最终实现全面、可持续的乡村发展。

（三）创新乡村建设的推进机制

《乡村建设行动实施方案》从责任归属、项目库管理、项目实施、农民参与、基础设施管护五个方面对创新乡村建设推进机制提出具体意见。[①] 实施乡村建设行动需要加快构建有效推进机制。这个机制对乡村建设的制度供给、方案设计、资源分配和使用、项目实施等一系列活动确立规范高效的秩序，从而有效推进乡村建设。

1. 完善乡村建设的制度供给

完善乡村建设的制度供给应落实政策体系建设、治理体系创新、资源整合与调配、政策宣传等工作。

在政策体系建设方面，应制定灵活、适应性强的土地政策，支持乡村土地的多功能利用。加快土地承包经营制度改革，确保土地

---

① 《中办国办印发〈乡村建设行动实施方案〉》，《人民日报》2022年5月24日第10版。

流转和集约利用，保障农民合法权益。制定税收优惠政策，鼓励企业向乡村投资，推动乡村基础设施建设和产业发展。

在治理体系创新方面，应完善农民参与乡村建设机制，健全党组织领导的村民自治机制，提高村民自治能力，促进村民自治制度健康发展。"充分发挥村民委员会、村务监督委员会、集体经济组织作用"[1]，通过选举产生村委会，推动基层民主治理，使农民能更直接地参与乡村事务决策。完善农民参与乡村建设程序和方法。在乡村建设中深入开展美好环境与幸福生活共同缔造活动。鼓励和支持社区居民、志愿者和NGO（非政府组织）参与乡村建设规划、决策和监督，加强社区共治能力。

在资源整合与调配方面，应拓展资金来源、优化土地资源调配。推动多元化资金渠道，整合政府资金、社会资本以及国际援助等资源，为乡村建设提供充足的资金保障。优化土地资源配置，支持农村土地多功能利用。鼓励农业生产与生态保护相结合，合理规划土地利用，保障乡村可持续发展。

在政策宣传方面，应保障乡村建设的信息透明化，加强政策宣传与教育。加强政策项目信息公开，提高政策执行的透明度。让农民群众更清晰地了解政策，促进政策的有效落实。开展乡村政策宣传和教育工作，提升乡村居民对政策的认知度和参与度。通过举办培训班、座谈会等形式，帮助农民理解政策，提高他们参与乡村建设的积极性。

以上措施能够为乡村建设提供坚实的制度支持和政策保障，促进乡村治理能力的提升，增强农村社区的凝聚力，使各方资源更有效地汇聚到乡村建设中，推动乡村全面发展。

---

[1]《中办国办印发〈乡村建设行动实施方案〉》，《人民日报》2022年5月24日第10版。

2.优化乡村建设的方案设计

各地在乡村建设方案设计过程中，必须充分考虑可持续性和可行性。在推动乡村现代化的过程中，应确立本土化和参与式的决策机制，并妥善解决社会资源动员与配置的问题，以确保乡村建设的长期可持续性。在构建乡村建设推进机制中，方案设计是关键环节，可从以下方面对乡村建设的方案设计进行优化。

一是要全面规划和分类设计。各省区市应制定全面的乡村建设规划，明确乡村发展目标、产业结构、基础设施布局等关键要素；要确保规划乡村全覆盖，从农田到居民区、生态区等各方面都需合理设计。各地还应根据实际情况，实施差异化的方案设计。针对不同类型的乡村，采取个性化的发展策略，以最大程度地发挥各自的优势。在经济发达地区，乡村发展条件较好，内生发展动力足，乡村布局基本成熟。这些地区的乡村建设普遍朝着城乡融合方向发展，乡村建设推进机制构建的着力点主要集中在基层组织主观能动性的发挥和积极性的调动上。而在中西部欠发达地区，乡村建设主要依赖政策供给。在这些地区，乡村建设推进机制构建的重点通常应放在公共服务的改善上，由政府相关部门为乡村建设提供设计并组织实施。同时，在推进乡村建设的过程中，要充分听取广大农民和基层组织的意见，确保乡村建设更好地满足农民群众的需求。值得特别注意的是，中西部地区的一些地方政府常常委托专业规划机构对辖区内村庄进行布局和规划，尽管看上去规划水平较高，但实施后可能严重脱离乡村实际和农民的真实需求。因此，在规划过程中，应当更加重视乡村实际情况和农民的反馈，以保证规划能够切实符合乡村的实际情况和农民的期望。

二是要保障农民参与决策。《乡村建设行动实施方案》强调"在项目谋划环节，加强农民培训和指导，组织农民议事，激发农民主动参与意愿,保障农民参与决策"[①]。乡村建设的方案设计应当引入参与式决策机制,让农民群众积极参与方案设计过程。通过座谈会、问卷调查等方式,广泛了解农民群众的意见,以保证方案符合乡村实际需求。

三是重视乡村可持续发展。乡村建设方案设计应强调生态环境保护,注重生态可持续性;避免资源过度开发,推动绿色发展;确保产业发展不仅有短期效益,还要具备长期可持续的竞争力。

四是要灵活应对变化。要设计具备灵活性的方案,建立动态调整机制。方案应当能够适应经济、社会和环境变化,确保在新形势下仍能有效推进。更重要的是要引入科技创新元素,鼓励农业智能化、信息化等技术的应用,提高产业水平,使乡村建设更具前瞻性。

通过以上合法化与合理化的方案设计措施,能更具体和系统地推动乡村建设,确保方案与乡村实际情况相契合,最终实现乡村可持续发展的目标。

3. 优化资源配置与合理使用

构建乡村建设推进机制,需要着重考虑资源的高效配置和可持续利用。

在财政资金投入方面。一是应加大政府财政支持,确保有足够的经费支持各项工作,包括基础设施建设、农业发展、社会服务等,以推动乡村全面发展。二是应建立绩效评估机制,对财政资金的使用进行监测和评估,确保每一笔资金都能够产生实际效益,提高资源利用效率。

[①]《中办国办印发〈乡村建设行动实施方案〉》,《人民日报》2022年5月24日第10版。

在多元化资金来源方面。一是吸引社会资本，鼓励社会资本参与乡村建设，通过引入合作社、企业投资等方式，扩大资金来源，促进乡村经济多元化发展。二是健全金融支持体系，提供贷款和融资服务，支持农民创业和乡村产业发展。

在土地资源配置方面。一是制定科学的土地利用规划，确保基本农田、生态用地、工业用地等合理分布；保障农业生产基础，同时兼顾生态环境的可持续性。二是推动土地流转，发展规模化经营，促进现代农业发展；提高土地使用的灵活性，以适应不同农业产业的需求。

在资源整合与调配方面。一是建立资源整合机制，将政府、社会、企业等多方资源进行整合，确保资源在不同领域能够灵活调配，提高综合利用效率。二是通过资源调配，支持乡村产业的发展，包括农业现代化、农产品加工业等，提高产业附加值，推动乡村经济升级。[1]

在社会参与和监督方面。一是鼓励社会组织参与资源调配，促进社会组织参与资源调配过程，增强资源调配的多样性和公正性。二是加强社会监督，通过舆论监督和公民参与，监督资源的分配和使用情况。"坚持和完善'四议两公开'制度，依托村民会议、村民代表会议、村民议事会、村民理事会、村民监事会等，引导农民全程参与乡村建设，保障农民的知情权、参与权、监督权"[2]，确保资源使用的透明度和公平性。

通过以上措施，可以推动乡村建设中资源的合理分配和有效利用，实现资源优势最大化，促进乡村全面发展。

---

[1] 魏后凯、崔凯：《建设农业强国的中国道路：基本逻辑、进程研判与战略支撑》，《中国农村经济》2022年第1期。
[2]《中办国办印发〈乡村建设行动实施方案〉》，《人民日报》2022年5月24日第10版。

4.保障项目实施和设施维护

在乡村建设推进机制中,项目实施是核心环节。下面进行具体探讨:

确定项目实施优先级。一是进行全面的需求评估,了解乡村的现状和村民的需求,根据评估结果选择最符合实际需求的项目,确保项目对乡村具有实际意义。二是制定项目实施的优先级,将有限的资源集中用于最具紧迫性和战略性的项目,以确保资源的最大化利用。

明确项目规划和设计。一是要对选定的项目进行详细规划,明确项目的目标、计划、预算和时间表,确保规划考虑到乡村的地理、文化和社会特点,以提高项目的可行性。[1] 二是确保项目设计科学合理,充分考虑可持续性、社会效益和经济效益。项目设计应该与乡村整体规划相契合,促进全面可持续发展。

严控项目管理与监督。一是建立专项任务责任制,按照一项任务、一个推进方案的要求,牵头部门要加强统筹协调,制定专项推进方案,指导地方组织实施。各地要细化措施,强化政策的衔接协调,形成工作合力,加强项目和资金监督管理,防止造成资金和资源浪费。[2] 二是建立项目管理团队,负责项目实施的组织、协调和监督,确保项目按照规划和预算进行,并及时应对可能出现的问题。三是依照村级申报、乡镇层面审核、县级审定的原则建立项目库管理制度。项目库建设应着重于加强项目的深入论证,优先考虑那些满足民众迫切需求、能有效弥补发展短板、并兼顾农业生产与农民

---

[1] 贾瑞、戚晓:《统筹推进乡村振兴加强农村思想文化阵地建设》,《中国农业资源与区划》2023年第6期。
[2]《中办国办印发〈乡村建设行动实施方案〉》,《人民日报》2022年5月24日第10版。

生活条件提升的项目，以保证项目库内项目的高标准和高质量。关于乡村建设项目资金的分配，原则上应基于项目库内的项目进行挑选。各地区可根据实际情况，制订一份避免形式主义工程的"负面清单"。此外，需建立并完善项目库入库项目的审核机制与绩效评估机制，以确保项目执行的有效性和高效性。四是引入定期的监测和评估机制，对项目的进展和效果进行全面评估。通过监测，及时发现问题并采取措施进行调整，确保项目取得最佳效果。

优化项目实施流程。对于规模较小、遵循固定资产投资原则的村庄建设项目，应实施简化的审批流程。在实行工程抵偿赈灾形式的农业和农村基础设施建设项目中，可依照村庄建设项目的简化审批要求和招标投标法规，免去招标程序。对于农民自主投资和参与劳动的项目，应通过直接补贴和奖励替代补助的方法促进其建设。对于规模较大的乡村建设项目，需严格遵守招标和投标的范围及程序，不得超越现行法律法规设定的投资规模、工程成本和招标文件规定的审批流程。同时，严格管理乡村建设用地审批，以防止非法占用耕地进行建设。

健全乡村公共基础设施管护机制。地方政府需制定清单，明确指定乡村公共基础设施的管理主体和资金来源，并建立公示机制。水电气供应、环境保护、电信和邮政等基础设施服务商应承担普及服务职责，加强对乡村区域内公共基础设施的维护与管理。在条件允许的区域，推动城乡公共基础设施的一体化管理。[①] 实施商业和准商业设施的用户付费政策，并鼓励私人资本及专业公司参与乡村公共基础设施的维护工作。

加强村民自治与社区参与。乡村建设应注重发展乡村社区的参

---

① 刘传磊、张俊娜、靳启伟等：《村社嵌入乡村建设项目的实现路径与机制构建》，《中国农村观察》2023 年第 5 期。

与度，让农民就如何使用和分配乡村公共资源进行决策。社区驱动的决策方法可使决策制定更好地满足乡村的具体需求，从而增强农民对新项目的认同感，为乡村建设奠定群众基础。一是要鼓励农民参与项目实施的决策和执行过程，增强项目的可持续性。通过座谈会、意见征集等方式，确保村民对项目有更直接的参与和了解。二是保持与乡村居民的定期沟通，及时了解他们的反馈和建议。建立透明的沟通机制，提高项目的接受度和成功率。[1]

在风险管理与应急预案方面。一是加强风险评估，确定潜在的问题和障碍。建立应对方案，确保在项目实施过程中能够迅速、有效地处理各类风险。二是要制定详细的应急预案，包括人员调配、资源调度等方面，以防范和应对紧急情况，确保项目的持续推进。

通过以上措施，可以推动乡村建设项目的有效实施，实现项目的科学规划、高效管理和可持续发展。

三、推进乡村建设行动的战略路径

乡村建设是贯彻落实乡村振兴战略和推动城乡均衡发展的重要途径。推动乡村建设行动提速增效，要在明确顶层推进机制的基础上，创新推动规划编制，这包括将基础设施建设（硬件）与社区管理和文化发展（软件）有效结合，有效规避不合理的大规模拆建。

（一）乡村建设推进的责任主体

乡村建设的有效推进需要多元化主体的共同参与，一是要坚持党对乡村建设行动的全面领导，二是要发挥农民群众参与乡村建设

---

[1] 李东平、田北海：《社会资本视域下回流农民的乡村建设参与及其影响机制》，《华中农业大学学报（社会科学版）》2023年第6期。

的主体作用,三是要强化市场在乡村建设中的导向功能,四是要营造乡村建设的社会共治格局。

1. 坚持党对乡村建设行动的全面领导

各级党委和政府要将乡村建设行动视为实施乡村振兴战略的核心内容,通过精心组织、加强协调,建立专项推进机制,协调推进重点任务,及时解决困难和问题。在实施"百县千乡万村"乡村振兴示范创建的过程中,要统筹开展乡村建设示范县、示范乡镇、示范村创建工作。为深入推动党建促进乡村振兴,应充分发挥农村基层党组织的领导作用和党员的先锋模范作用,不断优化村"两委"班子,特别是加强带头人队伍的培养,在全面推进乡村振兴中激发干事创业的热情。

为确保乡村振兴的全面推进,应充分发挥驻村第一书记和工作队的作用,建立健全常态化驻村工作机制,实现对脱贫村、易地扶贫搬迁安置村(社区)、乡村振兴任务重的村,以及党组织软弱涣散村的全覆盖。鼓励各级党组织在驻村工作中有计划地培养和锻炼干部。此外,应该加大青年农民,特别是致富能手和农村外出务工经商人员党员发展力度,为乡村振兴注入活力。

在乡村治理方面,要加强县级党委的统筹和乡镇、村党组织的引领作用,推动村级集体经济的发展壮大。为加强党的组织建设,要常态化整顿软弱涣散的村党组织。同时,完善乡村治理体系,推行网格化管理和服务,实现精准化和精细化管理,从而推动建设充满活力、和谐有序的善治乡村。[①]

为确保乡村建设行动的实施效果,建议将坚持党对乡村建设行动的领导纳入乡村振兴督查考核的重要内容,纳入党政领导班子和

---

① 莫佳、王厚明:《以更强责任担当推进乡村建设行动》,《乡村振兴》2022年第6期。

领导干部推进乡村振兴战略实绩考核体系。采取第三方评估、交叉考核、群众满意度调查等方式，以确保乡村建设项目的质量和实际效果。

2. 发挥农民群众参与乡村建设的主体作用

在推进乡村建设过程中，农民群众不仅是直接受益者，更是重要的参与者、建设者、监督者。要始终坚持以农民为中心，确立他们在乡村建设中的主体地位，秉持问需于民、问计于民的原则，充分发挥广大农民的智慧，致力于打造共建共治共享的乡村社会治理格局。

为了提高农民群众参与乡村建设积极性，应当完善相应机制，包括健全由党组织领导的村民自治制度。在这个过程中，要充分发挥村民委员会、村务监督委员会，以及农村集体经济组织的作用，同时坚持和完善"四议两公开"制度。依托村民会议、村民代表会议、村民议事会、村民理事会、村民监事会等，引导农民积极参与乡村建设，确保农民享有知情权、参与权和监督权。[①]

在项目谋划阶段，需要加强对农民群众的培训和指导，组织农民议事，激发农民群众的自发参与意愿，确保农民群众在决策过程中有发言权。在项目实施阶段，鼓励农民群众投入劳动力和其他资源，支持就地取材进行建设，同时积极推广以工代赈的方式，以促使更多的农村低收入群体在本地找到就业机会。在项目管理阶段，可推行"门前三包"、受益农民认领以及组建使用者协会等农民自我管理方式。此外，需要不断完善农民参与乡村建设的程序和方法，以确保其有效性和顺畅性。

---

① 杨磊、刘建平：《协商议事：基层治理共同体的生成路径及行动逻辑——基于Q村"院坝会"的个案扩展分析》，《华中科技大学学报（社会科学版）》2023年第5期。

3.强化市场在乡村建设中的导向功能

市场主体在乡村建设过程中的责任可以总结为三个主要方面：首先，在推进经济发展与实现产业升级方面。一是实现资源高效配置，市场主体应合理配置资源，优化投资结构，确保资源在乡村得到高效利用；二是实现就业与收入增长，通过投资和企业运营，为农民提供就业机会，提高他们的收入水平，改善其经济状况；三是促进产业转型与技术革新，引入先进技术，推动农业现代化，助力传统产业转型升级，增加农产品的市场竞争力。推动乡村数字化转型，提高乡村治理水平和服务效能。[1]

其次，在环境保护与可持续发展方面。一是保护生态环境，在乡村建设过程中严格遵守环保法规，减少对生态环境的负面影响；二是贯彻绿色发展理念，实施绿色生产方式，推广可再生能源使用，确保乡村发展的可持续性；三是资源循环利用，促进农业废弃物的资源化利用，发展农业循环经济。

再次，在社会责任与共促社区发展方面。一是注重改善基础设施与居住条件，投资于交通、教育、卫生等基础设施，改善乡村居民的生活条件；二是重视文化遗产保护传承，尊重乡村传统文化，保护文化遗产，促进文化传承；三是支持社区参与乡村建设，确保项目符合当地社区的需求，促进社区自治和发展。

综上，市场主体在乡村建设中的责任体现在促进经济发展、保护生态环境和承担社会责任三个方面。通过在这些领域的积极参与，市场主体不仅能够推动乡村建设有序开展，还能够实现长期的可持续发展目标。这要求市场主体在追求经济利益的同时，兼顾社会利益和环境保护，与政府、社区等多方合作，共同促进乡村振兴。

---

[1] 周鹏飞、李美宏：《数字乡村建设赋能农业经济韧性：影响机理与实证考察》，《调研世界》2023年第9期。

4. 营造乡村建设中的社会共治格局

社会主体在乡村建设进程中的责任主要为以下三个方面：政策支持与实施、社会服务与参与，以及文化传承与创新。在政策支持与实施方面。一是政策倡导与宣传。社会主体需积极参与乡村发展政策的倡导与宣传工作，增强农村地区对新政策、新技术的认知度；二是政策执行与监督。社会主体在乡村建设过程中，应发挥监督作用，确保政策得到正确实施，特别是在环境保护、资源管理等方面；三是政策反馈与优化。社会主体应及时收集并反馈乡村建设过程中的问题与挑战，促进政策的持续优化和创新。

在社会服务与参与方面。一是提供社区服务与支持。社会主体应为乡村提供必要的社区服务，如教育、医疗、社会福利等，特别是在偏远乡村地区，以提高乡村居民生活质量；二是引进社会资本投入。通过公私合作模式（PPP）等方式，引入社会资本参与乡村基础设施建设，如交通、能源等；三是倡导公众参与。鼓励志愿者和非政府组织（NGO）参与乡村建设，尤其是在教育、卫生、文化等领域，形成多元化的社会参与格局。

在文化传承与创新方面。一是保护传统文化。尊重并保护乡村地区的传统文化和习俗，避免在现代化进程中丢失宝贵的文化遗产。二是推进文化创新与融合。在保护传统的基础上，推动文化的创新与融合，如发展乡村旅游，展现乡村独特的文化魅力。三是加大文化教育推广。在乡村地区开展文化教育活动，提升居民对地方文化的认同感和自豪感，促进文化自信。

在乡村建设推进过程中，社会主体的责任不仅仅局限于经济投资，还包括政策支持与实施、社会服务与参与，以及文化传承与创新。这要求社会主体在其活动中综合考虑社会、文化和经济因素，与政府、市场主体以及社区居民共同努力，共同推进乡村全面振兴。

（二）推进乡村建设的施策重点

乡村建设是贯彻落实乡村振兴战略、实现城乡共同富裕的重要途径，推动乡村建设行动提速增效，要在明确顶层推进机制的基础上，创新推动规划编制，推进"硬件""软件"深度融合，有效规避大拆大建现象。

1.确立行动方案，完善多方参与机制

借鉴河南、甘肃和河北等地的经验，制定专门的乡村建设行动方案是有效的做法之一。应突出乡镇和村庄在建设中的主体地位，形成"省负总责、市县抓落实、乡村包实施"的推进机制。在省级层面，应成立专门的领导机构来统筹协调乡村建设行动，而在市县层面则需要建立具体的工作落实机制，例如成立专门工作组以指导和协助乡镇和村庄进行建设行动。[1]

此外，理顺资金投入机制也十分关键。这包括加强涉农财政资金的整合，确保基础设施建设、公共服务和居住环境优化等方面的资金能够有效利用。同时，应努力扩大集体经济规模，合理将扶贫项目资产收益、政府财政资金投资收益以及农村集体土地资源的资产权益、出让流转收益、租赁收入，用于乡村基础设施的维护和运行。各地还应积极引导社会资本投入，营造多元化的资金投入格局。

2.聚焦关键问题，破解规划编制难题

为有效应对乡村规划编制面临的挑战，各地需根据乡村人口规模、地理位置及产业发展差异化定制规划。首先，应避免盲目追求全面覆盖，而是针对具备相应条件和需求的乡村进行专门规划。其

---

[1] 蒋辉、丁美华：《和美乡村建设的三重逻辑、战略路径与施策重点》，《中南民族大学学报（人文社会科学版）》2023年第10期。

次，依据乡村人口规模，采取不同规划方法：人口较多的乡村应编制实用性强的规划，引导村落建设和品质提升；人口较少的乡村则应制定基础控制规划，限定发展边界，避免无序扩张。①

同时，明确县乡两级在乡村规划中的职责分工至关重要。建议在县级设立乡村规划编制委员会，为下属乡镇提供技术指导和资金支持。此外，针对专业人才短缺的问题，可借鉴黑龙江、河南等地区的经验，鼓励规划师下乡服务。通过招募专业志愿者、派遣技术团队到乡村提供技术援助和市场化服务等方式，提升乡村规划的质量和效率。通过这些措施，可以更加精准和有效地解决乡村规划编制中的关键问题。

3. 激励约束并举，塑造乡村特色风貌

为提升乡村规划与建设的质量，应综合运用激励与约束的方法，加强对村庄特色风貌的塑造。对那些符合乡村整体风貌的建设项目，可以通过施工期间的技术支持和快速处理产权证明等方式给予支持。以广东汕头和广西浦北的实践为例，当地根据人文和自然条件，将乡村风貌与生态景观相结合，对小型田园、果园和庭院进行改造，以保持乡村自然景色。

乡村文化的保护和传承也应受到重视。要将传统村落、民居以及具有历史文化意义的村镇纳入强制性保护名录，以保存乡土原生态和文化记忆。此外，应在村庄规划中兼顾风貌塑造与功能完善，为公共设施如村委会、卫生所、学校、村史馆和文艺活动场所等预留充足空间。通过完善公共服务设施和建立村级设施运维机制，确保乡村建设高效运行。

---

① 范和生、武政宇：《乡村社会建设路径体系构建研究——基于乡村振兴背景》，《中国特色社会主义研究》2023年第3期。

4. 刚柔并举，约束"大拆大建"现象

在进行县域村庄的分类和建设规划时，应从定性和定量两个维度对拆迁撤并与合村并居规划进行具体指导。一方面，限定仅在三种类型的乡村进行搬迁撤并：其一是生存环境恶劣、生态环境脆弱的村庄，其二是因为重大项目建设需要搬迁的村庄，其三是人口严重流失的村庄。其中，对于人口流失特别严重的认定，应参考近两次人口普查结果，若常住人口减少超过50%即可视为人口流失严重。

另一方面，根据《住房和城乡建设部关于在实施城市更新行动中防止大拆大建问题的通知》规定，撤并搬迁过程中拆除的面积不应超过现有建筑面积的20%。在实际执行过程中，可根据各地的实际情况控制撤并村庄的数量或建设用地面积，合理设定比例上限。

乡村建设的推进机制创新不只是解决现有问题的路径，更是探索未来乡村发展可能性的尝试。我们坚信，通过全社会的共同努力，一定能赋予乡村更多新的动能、激发乡村更大的发展活力、实现乡村高质量的发展。未来，我们应持续创新乡村建设的推进机制，进一步推动乡村振兴战略的深入实施，助力美丽乡村建设，共同书写乡村发展的美好未来。

第八章
乡村建设的政策支持与要素保障

　　加快乡村建设行动是促进农业全面升级、农民全面发展、农村全面进步、乡村全面振兴的必然要求。本章着眼于乡村建设行动的政策支持和要素保障,从外部资源如何成功流向乡村,进而获得最大收益的角度进行分析,对乡村建设行动中的要素保障做了系统阐述,为乡村建设行动进一步在全国推行提供参考。

一、乡村建设的投入保障

　　乡村兴则国家兴,农业农村现代化是建设农业强国的内在要求和必要条件,建设宜居宜业和美乡村是建设中国式现代化农业强国的应有之义。乡村建设是乡村振兴的重要内容,也是实现乡村振兴的有效方法。

　　"我国乡村面貌发生巨大变化。同时,我国农村基础设施和公共服务体系还不健全,部分领域还存在一些突出短板和薄弱环节",2022年5月,中共中央办公厅、国务院办公厅联合印发的《乡村建设行动实施方案》,明确将"扎实推进乡村建设行动,进一步提升乡村宜居宜业水平"作为建设目标。

　　目前,乡村整体发展水平与城市悬殊较大,自身建设缺乏基础条件,需要外部力量支持。政府在规划引导、财政投入、组织保障等方面发挥主导作用，各方社会力量也积极投入资源参与乡村建设。（如图8-1所示）要充分调动各方力量，建立健全乡村建设多元化投入机制，全面推动乡村建设。

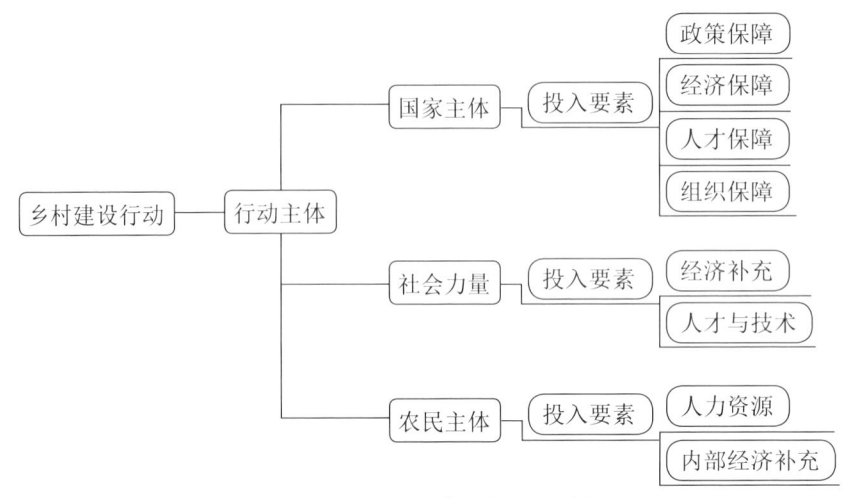

图8-1 乡村建设主体及投入要素框架

（一）乡村建设的投入要素

提升乡村宜居宜业水平涉及乡村生活的众多方面，乡村建设行动致力于解决全面推进乡村振兴过程中的乡村基础设施建设、公共服务体系建设和精神文明建设问题，强调"硬件""软件"一起抓。乡村建设需要构建多元投入保障机制，包括财政资金的投入、金融资本的投入、社会资本的投入和农村集体经济组织的投入等。[①]

乡村建设中的要素投入，尤其是集体经济组织投入及农民的资金、物资和劳动投入，土地要素的配置等，都会涉及农民利益。保障农民主体地位，维护农民利益应当是乡村建设要素投入必须坚持的原则。

1. 乡村建设的政策保障

《乡村建设行动实施方案》对存在突出短板和薄弱环节的领域

---

① 任大鹏：《乡村建设的保障制度构建》，《人民论坛（学术前沿）》2022年第15期。

就政策支持和要素保障提出要求。

（1）组织保障

组织振兴是乡村振兴的重要组成方面，乡村建设需要强化组织保障制度。《中华人民共和国乡村振兴促进法》中，对组织振兴提出了具体要求：一是加强党对乡村振兴的全面领导，包括加强基层农村干部队伍建设、构建简约高效的基层管理体制；二是提高基层农民自组织的规范化与制度化水平，涉及农村集体经济组织、群团组织建设等；三是加强基层执法队伍与社会治安防控体系建设。《乡村建设行动实施方案》提出，要加强农村基层组织建设，常态化整顿软弱涣散村党组织。

乡村振兴的主体与最大受益者是乡村居民，乡村建设需要明确乡村居民自治组织、农村集体经济组织、农业生产经营组织以及其他社会组织的职责，建立多元主体参与的组织保障机制，确保多方参与中权利与义务的统一。

（2）财政保障

《中华人民共和国农业法》第三十八条第一款规定逐步提高农业投入的总体水平，第二款明确了"加强农业基础设施建设"等九个重点财政投入领域。[①]《中华人民共和国乡村振兴促进法》第五十八条规定，"国家建立健全农业支持保护体系和实施乡村振兴战略财政投入保障制度。县级以上人民政府应当优先保障用于乡村振兴的财政投入，确保投入力度不断增强、总量持续增加、与乡村振兴目

[①] 各级人民政府在财政预算内安排的各项用于农业的资金应当主要用于：加强农业基础设施建设；支持农业结构调整，促进农业产业化经营；保护粮食综合生产能力，保障国家粮食安全；健全动植物检疫、防疫体系，加强动物疫病和植物病、虫、杂草、鼠害防治；建立健全农产品质量标准和检验检测监督体系、农产品市场及信息服务体系；支持农业科研教育、农业技术推广和农民培训；加强农业生态环境保护建设；扶持贫困地区发展；保障农民收入水平等。

标任务相适应"。第五十八条第三款规定,"各级人民政府应当完善涉农资金统筹整合长效机制,强化财政资金监督管理,全面实施预算绩效管理,提高财政资金使用效益"。《乡村建设行动实施方案》对中央财政和地方财政在乡村建设资金投入进一步作出明确规定,确保将乡村建设作为预算内资金投入的重点领域。

可以看出,从主体上看,各级人民政府是乡村建设资金投入的主要来源;从投入对象看,资金主要用于基础设施建设和公共服务体系建设;从投入重点上看,中央统筹预算侧重于向重点薄弱地区倾斜,地方则重点向农业农村基础设施建设和农村公共服务体系建设倾斜。

(3)人才支撑

2021年2月,中共中央办公厅、国务院办公厅印发的《关于加快推进乡村人才振兴的意见》强调"乡村振兴关键在人"。《乡村建设行动实施方案》对乡村建设中的人才支撑提出明确要求,即"加快培育各类技术技能和服务管理人员,探索建立乡村工匠培养和管理制度,支持熟悉乡村的专业技术人员参与村庄规划设计和项目建设,统筹推进城乡基础设施建设管护人才互通共享"。

(4)监管考核

完善的监管、考核与责任监督制度是实施乡村振兴行动的有力保障,其主要涉及财政资金投入与使用的全流程、乡村振兴各类项目情况、农民主体参与以及权益保障情况。

《中华人民共和国乡村振兴促进法》第七十条规定"县级以上人民政府应向本级人民代表大会或者其常务委员会报告乡村振兴促进工作情况。乡镇人民政府应向本级人民代表大会报告乡村振兴促进工作情况",以确保乡村工作的重要内容能被监督、监管。《乡村建设行动实施方案》进一步要求,将乡村建设行动的实施情况作为乡村振兴督查考核的重要内容,乡村建设行动实施情况将纳入市县党政领导班子和领导干部推进乡村振兴战略实绩考核。

《乡村建设行动实施方案》要求"健全党组织领导的村民自治机制,充分发挥村民委员会、村务监督委员会、集体经济组织作用,坚持和完善'四议两公开'制度,依托村民会议、村民代表会议、村民议事会、村民理事会、村民监事会等,引导农民全程参与乡村建设,保障农民的知情权、参与权、监督权"①。

2.乡村建设的资金保障

经济要素是指乡村建设的资金保障体系。正是由于目前乡村仍然存在经济凋敝、人员流失、基础生活条件与城市差距较大等问题,乡村才需要振兴,现代化建设才需要进行。在当前情况下,乡村发展必须依靠外部助力。同时,只有在经济方面给予乡村居民一定的"甜头",才能更加有效地激发农民参与乡村建设的热情,激活乡村建设的内部动力。因此,经济要素是农村现代化的刚需,是进行乡村建设行动的前锋力量。

《乡村建设行动实施方案》对中央财政和地方财政在乡村建设资金投入方面提出要求,"中央财政继续通过现有渠道积极支持乡村建设,中央预算内投资将乡村建设行动作为重点积极予以支持,并向欠发达地区适当倾斜。将乡村建设作为地方政府支出的重点领域,合理安排资金投入。"②对乡村建设行动作出了提供经济保障的承诺性规定。

财政投入方面面临一些亟须解决的问题:第一是财政拨付的时

---

① 《中办国办印发〈乡村建设行动实施方案〉》,《人民日报》2022年5月24日第10版。

② 《中办国办印发〈乡村建设行动实施方案〉》,《人民日报》2022年5月24日第10版。

效性,既要按照流程进行审批又要确保项目资金及时迅速补充到位。这就要求做好科学规划,确保用于乡村建设的财政资金投入总量不仅适应乡村振兴战略需求,且能保持稳定增长,同时辅以常态化财政监察;其次是财政资金与社会资金的融合使用问题。乡村建设需要社会各界力量共同参与,需要以财政资金撬动社会资本的广泛参与,形成多元化的资金保障体制。当前社会资本的融入主体受融入渠道限制,所占比例较小,需要在政策保障方面建立激励性制度,促进公益目标与营利目标相兼容,提高社会资本参与乡村建设行动的积极性。

3. 乡村建设的人才保障

晏阳初指出,乡村建设运动的目的在于"民族再造","根本是人的问题"。实施乡村建设,推动乡村振兴,人才要素是关键。《中共中央关于制定国民经济和社会发展第十四个五年规划和二〇三五年远景目标的建议》中提出,县域城镇建设、村庄规划建设、农村基础设施建设、农村环境建设和人才建设等是乡村建设的主要内容,其中,乡村人才建设作为乡村建设行动中重要一环被置于关键位置。

晏阳初提出农村人才的标准,应当具有劳动者的体力、专门家的智能、教育家的态度、科学家的头脑、创造家的气魄和宗教家的精神,强调"回到民间去","欲化农民,必先农民化"。他们的任务在于"启发教育农民,激发、调动他们(农民)的主人翁意识,培养他们(农民)自发自动的精神"。晏阳初提出的乡村人才要求在当今仍具参考价值。实施乡村振兴战略,就必须打造一支强大的乡村振兴人才队伍,一支懂乡村、爱乡村、爱农民的高素质人才队伍,解决乡村"空心化"、乡村居民"老龄化"的问题,为乡村注入新的生机活力。

同时,要解决乡村能否吸引得到人才、留得住人才的问题。要在现有人才引进政策之上,统筹做好各类人才的引、育、留、用,让乡村成为各类人才能够大展身手的场域。如进一步落实国家有关高校毕业生基层成长计划,畅通大学生返乡就业渠道,健全新农民科技教育培训机制等。

(二)乡村建设的投入方向

乡村建设的目标是全面推进乡村产业、人才、文化、生态、组织振兴,逐步实现农业全面现代化、农村全面进步、农民全面发展。

1.打造特色产业

产业振兴是乡村振兴的重点,也是乡村建设的目标。

对于已有一定产业基础的乡村,可以探索在原有基础上建设现代化的农业生产经营体系,借助信息技术手段探索产业发展新模式;同时着力构建坚实的支撑保障体系,减少农民参与产业发展的后顾之忧。针对产业基础薄弱的乡村,则需要充分了解乡村及周边县域自然与人文条件,打造特色产业品牌。

打造特色产业过程中需要特别注意以下几点:一是严守耕地红线,提高粮食生产能力;二是优化产业布局,推进三产融合,增强乡村竞争力;三是深化产权制度改革,提升农民参与积极性,拓宽产业发展空间。

2.激发文化活力

乡村是中华文化的根脉所在,"望得见山,看得见水,记得住乡愁"是乡村建设的题中之义。

要以乡村建设行动为抓手,以新时代精神文明建设为依托,继续开展移风易俗、艺术下乡等活动,改善文化基础设施条件,将社会主义核心价值观、中华民族共同体等大局意识融入乡村文化建设中。

通过乡村文化建设,激活地方文化活力、凝聚社会认同,整合农民行为,提高农民参与积极性,提升乡村文化事业水平。

3. 改善人居环境

要以实施乡村建设行动为抓手,改善农村人居环境,建设宜居宜业和美乡村。一方面,废除以破坏生态为代价的生产生活方式。坚持山水林湖草沙一体化保护和系统治理,结合退耕还林还湖还草的项目,统筹产业结构调整、污染治理、生态保护、应对气候变化,协同推进降碳、减污、扩绿,推动形成绿色低碳的生活方式和生产方式。另一方面,合理规划乡村布局。要结合各村实际,合理确定村庄空间结构,科学划分功能区域,在提升农民生活品质的同时避免土地资源浪费,实现生产生活生态融合发展;同时要加大乡村基础设施与交通设施的升级改造,结合人居环境整治,对物流、天然气、污水处理等基础设施着重"补缺",通过"村覆盖、户延伸"不断扩展覆盖范围,逐步实现供水、供电、供气现代化;扩大先进的互联网、大数据等信息技术手段进入乡村的渠道,让村庄具备进一步发展的环境空间。

4. 培养乡村人才

乡村建设行动关键在人,但不仅仅是外部流入乡村的人力资源。乡村人才振兴要把人力资本开发放在首位,"要让愿意留在乡村建设家乡的人留得安心、让愿意上山下乡回报乡村的人更有信心。"乡村建设不能只依靠城市输入人才,还需要培育源自乡村内部的人力资源。一方面,建立新型职业农民培育机制。开展专业技能培训,做好本土人力资源的开发与孵化,将重点放在农村青年人才群体上，发挥他们在乡村建设中的主力军作用。另一方面，大力引入城市人才下乡、外出人才留乡。保障人才的生活权益，完善激励机制，鼓励科技人才和返乡创业人员创新创业。打通城乡劳动力双向畅通的渠道，建立城市下乡人才与乡村本土人才的交流互促机制，通过乡村人才输送带动乡村生活和公共服务水平提升。

5.促进组织发展

要切实发挥党组织的领导核心作用，健全农民参与的组织形式，形成组织体系完备、齐抓共管、多元参与的建设格局。

一是加强基层组织建设。牢固树立基层党组织在乡村治理中的主导地位，注重提升农村基层组织的素质和专业领导能力。

二是推进农民组织创新。要大力发展农村社会组织，将农民吸纳进来，提升农民参与的广度和深度。要充分对基层农民自组织进行赋能、赋权、赋责，保障其畅通地参与乡村建设。

二、乡村建设的金融支持

乡村建设行动是全社会共同参与的多元主体行为，其金融支持主要来自财政资金、社会资本以及从乡村获取的资金三方面。

（一）金融支持来源

1.政府财政支持

《乡村建设行动实施方案》明确指出：中央财政继续通过现有渠道积极支持乡村建设，中央预算内投资将乡村建设行动作为重点积极予以支持，并向欠发达地区适当倾斜。将乡村建设作为地方政府支出的重点领域，合理安排资金投入。土地出让收入用于农业农村部分可按规定统筹安排支持乡村建设。将符合条件的公益性乡村建设项目纳入地方政府债券支持范围。允许县级按规定统筹使用相关资金推进乡村建设。

《乡村建设行动实施方案》还指出：鼓励银行业金融机构扩大贷款投放，支持乡村建设。运用支农支小再贷款、再贴现等政策工具，引导机构法人、业务在县域的农信社、村镇银行等金融机构把工作重心放在乡村振兴上。开展金融科技赋能乡村振兴示范工程，鼓励金融机构在依法合规前提下量身定制乡村建设金融产品，稳妥拓宽农业农村抵质押物范围。

2. 社会资本投入

社会资本主要包括民营企业和社会（包括民非和公益）组织，其中，民营企业是主要金融资本的投入主体。《乡村建设行动实施方案》指出，探索银行、保险、担保、基金、企业合作模式，拓宽乡村建设融资渠道。加强涉农金融创新服务监管和风险防范。

乡村建设具有典型的公共性和公益性特征，要使社会资本更好地融入乡村建设，需要进一步完善土地政策、税收政策、信贷政策等方面的制度，实现公益目标与营利目标的兼容。基层政府应进一步出台财政补贴、贴息贷款、税收减免等优惠政策，吸引企业入驻乡村。

另一类社会力量是社会组织。社会组织在直接金融资本的提供上占比较小，更常见的形式是通过资源链接、补充公共服务的途径参与乡村建设。社会组织在链接乡村建设资源方面的作用不容小觑，如教育资助类公益基金会可以在乡村教育方面提供巨大的资源；养老服务提供机构可以链接医疗、基础娱乐设施等资源，对于乡村建设的金融资本注入起到中介联结的巨大作用。

3. 乡村内部筹集

乡村内部资金来源可以分为农民自筹与资源置换所得。农民自筹就是在农民共同需求的基础上通过一定组织形式筹集建设资金，这种乡村建设金融筹集的资金使用灵活，资金使用效益较高。

资源置换所得的乡村内部资金主要来源于土地资源。在保护农业用地的基础上，规划建设用地指标，将闲置农田与宅基地盘活，在确保农民基本权益不被侵占的情况下，灵活操作使用权和承包权的分离，让企业下乡有地可用，农民闲置资源有利可收。

还有一些农民将自家宅基地或自家房屋的使用权出售，用于和企业合作进行生产经营活动，这也是农民资源置换、谋求自身发展的一种有效途径。政府应统筹完善土地制度，保障乡村建设用地与农民权益，基层政府则需要统筹乡村建设格局，确保有序推进村庄建设，避免农民无序自建等行为。

（二）金融支持规范

推进乡村建设要加强规划建设管理，坚持规划先行、久久为功的原则，金融支持要规范、要防范风险，确保稳中有序。

1.明晰金融支持投入领域

乡村建设应当明确资金投入方向，以普惠性、基础性、兜底性民生建设为重点，加强农村基础设施和公共服务体系建设。

《乡村建设行动规划方案》要求进一步优化涉农资金使用，提高资金使用效率。

从金融支持方式来看，项目化是效率较高的使用方法之一。资金使用项目化可以清晰界定金融投入的方向，并且方便对资金使用进行监管，有利于乡村建设资金使用透明化。

2.优化财政支出结构

在财政支农方面，需要进一步改革支农的体制机制，明确各地农业农村的重点建设领域,以"资源整合"和"集中投入"的方式确保农业发展资金针对性增长,提升支农资金的使用效益。乡村建设应该重点关注乡村基础设施建设,补齐农村基础设施设备的短板。

社会资本投入在农村闲置宅基地盘活利用过程中,工商资本通过村级组织整合农民的闲置宅基地进行开发利用,在乡村道路、环境改善、安置就业等方面效果明显。

3. 严格财政资金使用流程

在脱贫攻坚阶段,通过集聚财政资金解决脱贫关键环节的资金瓶颈问题,涉农财政资金的整合使用,发挥了重大作用。转入乡村振兴阶段,《中华人民共和国乡村振兴促进法》第五十八条第三款规定,"各级人民政府应当完善涉农资金统筹整合长效机制,强化财政资金监督管理,全面实施预算绩效管理,提高财政资金使用效益"。

财政资金的使用需要严守申请—审批—放款的流程。要明确审批与放款单位之间的差异和合作,建立"谁审批谁负责"的责任机制,争取简化流程但不减监督效力,让财政资金更快、更高效地流向乡村建设中。

下放到村级以后,建设资金的使用需根据各村的实际情况决定。但用之于民是建设资金必须坚守的底线。已有乡村建设行动经验中,四川省成都市政府探索出了一套公共服务资金使用"五步法"[①]:收集民意—筛选汇总—民主决议—组织实施—验收评议,通过精细的制度建设,保障建设资金的使用由农民共同决定。成都市的成功经验为其他地市提供了可借鉴思路,要完善乡村建设资金使用的相关制度,确保资金流向乡村居民最需要的地方。

---

① 高万芹:《文化抑或制度:农民主体乡村建设模式的实践形态——基于湘、川两地乡村建设实践的案例比较》,《天津行政学院学报》2023年第1期。

（三）金融支持监管体系

监管、考核与责任保障机制的完善是确保乡村振兴行动成效的重要保障，从监管内容来说，对金融财政的监管尤为重要。监管责任机制，要强化党组织的统一领导，发挥社会力量和专家学者共同监督的作用，以农民直接参与为监管形式，确保监管到位、权责清晰。

1. 明确监管负责方

乡村建设的财政资金投入是确保乡村建设各项行动实施的基础，明确乡村建设财政资金的监管权由谁掌握，是保障资金监管考核准确无误的先行条件。

《中华人民共和国乡村振兴促进法》中规定各级人大代表会议有权监督乡村振兴及乡村建设行动，但乡村振兴的建设过程连续且持续时间较长，需要在行动前、行动中以及行动完成后进行持续监管。因此从纵向时间维度来看，金融资本的监管主体是不断变化的，提出资金使用申请时监管方主要是建设规划者和农民，审批流程中主要监管方是政府，而放款后落地使用时监督者则由承建方和农民共同构成。

在此情形下，要加强党政组织和乡村建设专家对金融资本的监督责任，落实乡村振兴领导责任制，形成领导监督、共同负责的监督责任架构。

2. 明确监管权责与奖惩机制

《中华人民共和国乡村振兴促进法》中规定各级政府应当向相应人民代表大会报告乡村振兴促进工作情况，报告乡村振兴的财政资金预算和结算情况是政府工作报告的重要内容。根据法律规定，监督检查乡村建设的财政资金投入保障情况也是各级人民代表大会的重要职权,在此基础上,要配套建立相应的监管权责体系,避免监管方不作为的情况。

要依据乡村建设行动实施方案中资金投入的计划进行监管,严格把控资金投入流程,做到审批精细、投放精准。设立相应的考核机制,对审批及资金监管不善的层级,可减轻或剥夺其监管权力。

对于政府和社会资本融合使用的情况,要建立多方共同监督的框架,规范政府和社会资本合作(PPP)模式,有效防范化解金融风险。

三、乡村建设的社会力量参与

乡村建设行动是党和国家新时期乡村振兴、促进农业农村现代化发展工作中的重点,这一行动不仅需要国家政策层面的支持,更需要营造齐心合力、共建共享的社会参与格局。

《乡村振兴战略规划(2018—2022年)》提出,要健全社会力量参与机制,引导激励社会各界更加关注、支持和参与脱贫攻坚,凝聚全社会力量,扎实有序推进乡村振兴。

乡村建设过程中要融入社会力量,形成共同发展的合力。在此过程中,因社会基础、文化基础和政治基础的不同,各类主体参与的路径和方式必然有所不同,政府、市场、社会要确定好各自的角色定位和作用边界,探索出多方协作的共建模式。

(一)乡村建设的主体

乡村建设共同体的主体是多元的,是以政府为主导,社会组织、农民等多元利益相关主体参与协同的治理体系,通过多元利益相关主体的资源整合、深入合作,能产生"1+1+1>3"的协同效果。个人、社会组织等多元主体基于分工和协商达成合作共识,进而形成责任共同体、行动共同体、利益共同体。

1. 农民主体

晏阳初曾言:"社会改造事业,没有千百万觉悟了的劳苦大众积极参加,是一定不会奏效的,是注定要失败的。"① 民国时期,梁漱溟总结的以往乡村建设行动的难点之一是"号称乡村运动而乡村不动",即参与推进乡村建设的多是乡村外部的人员,真正的农民往往对此漠不关心,因此乡村建设运动难以产生时效。故而乡村建设行动需要以农民为基础力量,指向与农民生活联系最为紧密的核心领域,激发农民主体的积极性,调动农民参与乡村建设的积极性,激活乡村建设的内生动力。

农民是乡村建设的受益者,也应是建设过程的直接参与者,农民在乡村建设行动中的参与可以分为两个层次,第一层次是响应政府号召的机械性表层参与,这也是农民参与到乡村建设中的第一步。这一层次主要是通过宣传标语、广播、网络新媒体等形式宣传乡村建设,传播乡村建设承载的经济价值,增强浅层次的参与动机。第二层次是明确自身主人翁意识的深层参与,这种参与需要通过长时间的文化氛围渲染,这一阶段的农民能够自发地参与到乡村建设行动中来,主动谋求乡村产业与乡村面貌的全面发展,还能够主动学习、自发带领身边的人参与到乡村建设行动中,充分发挥内部力量的创造性。

由农民组成的另一个参与主体是以农民为主体的基层经济组织。当前已有的乡村建设中,有些乡村建设实践是村民基于生产生活需求,自发组织建设的结果②,其中农民自组织承担了建设行动主体的角色,组织形式包括各类理事会、协会与各类社团、文化组织

---

① 苗勇:《晏阳初》,东方出版社,1992,第448页。
② 高万芹:《文化抑或制度:农民主体乡村建设模式的实践形态——基于湘、川两地乡村建设实践的案例比较》,《天津行政学院学报》2023年第1期。

及村民小组。组织化是彰显乡村主体性、提升乡村治理能力、拓宽经济社会发展道路、重构乡村社会组织基础的基本途径。

农民自组织基于团体成员的共同需求形成，建设发展规划共同商讨、建设资源自筹、建设过程自主完成，基于内生需求开展乡村建设，成果十分突出。但也有学者认为乡村内部不具备完全的自组织能力，因此需要政府先注入资源激活农民自主建设的主体性。不论是自组织还是政府引导成立的农民组织，以组织形式参与乡村建设更有利于凝聚农民的向心力，对加强农民的参与力度十分有效。

2. 社会组织

社会力量在参与乡村振兴过程中，应将乡村建设的主体地位更多地赋予乡村或者农民本身，使农民逐渐形成主体意识。只有真正在村庄公共事务治理和村庄发展进程中推动农民自主意识的生成，才能促进乡村建设实现自觉的良性循环。

同时，政府层面要将乡村建设纳入东西部协作帮扶和中央单位定点帮扶重点支持领域，继续扎实开展"万企兴万村"行动。在经营性建设项目中规范有序推广政府和社会资本合作模式，大力引导和鼓励社会力量参与乡村建设，汇聚更多人力物力投入到乡村建设中，共商共建，共享发展成果。

（二）社会力量参与途径

作为乡村建设的外部主体，社会力量不同于政府，农业与农村的发展并不是衡量这类主体参与意愿的最重要因素。但不论出于何种考量，政府对社会力量的积极引导不容忽视。

社会组织、公益组织参与乡村建设的途径主要集中于公益实践和社会服务两方面。通过为乡村注入技术、服务与资源参与到乡村建设行动中。

在技术方面，这类组织为乡村建设注入有关发展规划、社会治理、文化建设与生态保护等方面的新思路与新方法，为乡村发展提供参考意见，推动乡村精神文明建设产生质的变化；在服务方面，社会组织通过政府项目或自身公益项目进驻乡村，在一定期限内将养老、照护、教育等服务内容注入乡村，补充乡村短缺服务，促进城乡服务均等化，提升乡村居民的精神文化水平；在资源方面，这类组织会与乡村有关负责人及基层组织合作，开展服务的过程中，所涉及的外部资源均可被挖掘用于乡村建设行动，促进乡村基础设施条件改善，提升农民对乡村建设的满意度；在信息支撑方面，社会组织通过长期驻扎或定期入村等方式为农民提供政策、法律相关咨询服务，为乡村现代化、信息化提供助益。

通过注入技术、服务、资源与信息，社会组织在乡村建设过程中更加注重人的改变，注重培育社区公共精神和社区社会资本，推动社区有效治理，实现更具活力和韧性的乡村社区，支撑了乡村建设内源性发展。

社会组织参与乡村建设不仅提升了自身的社会影响力，也扩宽了乡村建设行动的社会知晓面，有利于为乡村建设吸纳更多资源与要素投入方，能够推动乡村建设行动的综合展开。

四、乡村建设行动的政策支持

政策要素的核心效用是为乡村建设行动提供法律制度的保障，从而达到规范乡村内部秩序、增进治理绩效的根本目的。[①] 在乡

---

① 唐兴军：《嵌入性治理：国家与社会关系视阈下的行业协会研究》，《公共行政评论》2018 年第 2 期。

建设行动中离不开政策的有效支持。

（一）乡村建设的政策部署

乡村建设是实施乡村振兴战略的重要任务，也是国家现代化建设的重要内容，国家从法律、政策等方面作出了相应保障。在法律层面，《中华人民共和国农业法》《中华人民共和国乡村振兴促进法》等法律中有关于乡村建设要素投入的规定；在政策层面，党中央、国务院围绕土地资源、产业发展、组织建设、财政支持等领域出台了多部政策文件。（见表8-1）

表8-1 部分重点政策信息

发布时间	政策文本	涉及领域
2017年9月	《关于加快推进农业供给侧结构性改革大力发展粮食产业经济的意见》	农业发展
2019年6月	《关于促进乡村产业振兴的指导意见》	产业发展
2022年6月	《关于以生态振兴巩固脱贫攻坚成果 进一步推进乡村振兴的指导意见（2020—2022年）》	"五位一体"
2020年7月	《全国乡村产业发展规划（2020—2025年）》	产业发展
2020年9月	《关于调整完善土地出让收入使用范围优先支持乡村振兴的意见》	土地资源
2021年1月	《关于全面推进乡村振兴加快农业农村现代化的意见》	产业、人才、文化、生态、组织振兴
2021年2月	《关于加快推进乡村人才振兴的意见》	人才
2022年5月	《乡村建设行动实施方案》	乡村建设
2023年1月	《关于做好2023年全面推进乡村振兴重点工作的意见》	乡村发展、建设

（二）乡村建设的政策效应

乡村建设政策从制度和法律层面为乡村建设提供保障，对财政、制度、投入要素及参与主体等作出明确规定，构建了多元主体参与的组织保障机制，以财政资金、金融资本、社会资本和农村集体经济组织资产为主体的多元投入保障机制，乡村人才资源激励制度，农民主体地位保障制度以及乡村建设行动的监管、考核及责任制度。

总体上，社会政策具有预设性与衔接性，应以巩固拓展脱贫攻坚成果作为基点，以发展型社会政策建构提升乡村振兴内生动力作为重点，以共同富裕、整合型社会政策作为推进新时代乡村发展的落脚点和目标，实现巩固拓展脱贫攻坚成果同乡村振兴的顺利有效衔接，进而全面推进乡村振兴。

第九章
乡村建设的典型案例：四川省乐山市乡村建设的实践

四川省乐山市立足新发展阶段、贯彻新发展理念、构建新发展格局，全方位把握新形势和新要求，高站位谋划、高标准部署、高效率推进，全力推动脱贫攻坚政策举措和工作体系向乡村振兴平稳过渡，确保脱贫攻坚成果有效巩固，城乡经济发展动力显著增强，人民生活水平稳步提高，乡村治理能力有序提升，农业农村现代化步伐不断加快，逐步实现农业高质高效、乡村宜居宜业、农民富裕富足的目标，为持续巩固拓展脱贫攻坚成果同乡村振兴有效衔接，实施乡村建设行动贡献新力量、展现新作为，也为有效衔接乡村振兴工作提供了乐山经验、乐山智慧。

一、乐山市实施乡村建设行动的背景

乐山古称嘉州，位于四川盆地西南部，处在南丝绸之路、长江经济带交会点，是成渝城市群规划建设的成都平原中心城市之一。乐山市辖11个县（市、区），辖区面积1.27万平方公里，2020年年末全市登记的户籍人口为349.5万人，常住人口327.1万人。

乐山曾是四川省脱贫攻坚主战场之一，既有与大凉山贫困程度相近的小凉山彝区,也有集中连片贫困的乌蒙山区,以及"插花"贫困的丘陵地区。乐山市原有贫困县4个,其中国家扶贫开发工作重点县1个、国家乌蒙山片区县2个、四川省大小凉山彝区县3个,有贫困村259个,建档立卡贫困户6.8万户21.2万人,贫困发生率9%,存在贫困区域集中、彝区贫困发生率高等特征。2016年以来,乐山市整合投入各类扶贫资金550余亿元,累计实现6.8万户21.2万名建档立卡贫困人口脱贫、259个贫困村退出、4个贫困县"摘帽",提前1年书写了全域整体脱贫的历史篇章。乐山创新探索的"集中供养+居家救助"模式、"劳动收入奖励计划""青少年教育促进计划"更是成功入选"全球减贫案例"。

乐山市实施乡村建设行动,持续巩固脱贫攻坚成果,有效衔接乡村振兴,经济社会持续快速发展。2020年乐山全市地区生产总值(GDP)增长4.1%,达到2003.43亿元,经济总量和人均地区生产总值的全省市州排名均有提升;全市地方一般公共预算收入120.62亿元,增长3.3%,城乡居民人均可支配收入分别增长8.6%、6.4%。

二、乐山市实施乡村建设行动的实践举措

(一)坚持党建引领,强化乡村建设行动的政治底色

乐山市充分发挥党建工作在乡村建设行动中的核心引领作用,通过统筹协调辖区内各领域党建工作,整合调动各方资源向乡村地区聚集,为实施乡村建设行动、有效推进乡村振兴提供了坚实的组织保障。

1. 加强村党组织建设,发挥党员引领作用

一是以农村基层党组织建设为主线。坚持农村基层党组织领导

核心地位，坚持乡村振兴重大事项、重要问题和重点工作由党组织讨论决定。同时，创新党组织设置，在以行政村为基本单元设置党组织基础上，有序推进党组织按产业、区域联建共建，推行"强村带弱村、富村带穷村"行动。二是把基层党组织建成坚强战斗堡垒。充分发挥村级党组织战斗堡垒作用，强化班子工作带动和村级事务自治。三是加强党内激励关怀帮扶。落实《中国共产党党内功勋荣誉表彰条例》和《中国共产党党内关怀帮扶办法》，健全定期走访慰问制度。四是加强农村基层党组织带头人队伍建设。实施村党组织带头人队伍整体优化提升行动，深入实施"好书记"培养引领计划，选优配强村党组织书记，配齐配强驻村帮扶工作队伍。

2. 优化配置工作队伍，加强驻村帮扶力量

乐山市认真贯彻中央、省委关于向重点乡村持续选派驻村第一书记和工作队有关精神，精准定人、定责、定策，有序调整轮换驻村帮扶力量。坚持有序衔接、平稳过渡、适量调整原则，以县为单位，依据"村级干部需求清单"，对帮扶人员进行科学搭配，优化组合，逐一制定驻村帮扶力量选派工作方案。

（二）推进生态振兴，走乡村绿色发展之路

乐山市坚持生态优先，绿色发展，积极推进农村生态保护与治理，优化农村人居环境，大力发展生态农业和循环农业，建设美丽乡村。

1. 严守环境生态红线，保护生物多样性

一是高质量推进国土绿化，持续推动生态建设。牢固树立绿水青山就是金山银山的发展理念，以森林质量精准提升、退耕还林、"天保工程"（即天然林资源保护工程）等项目为依托，打好生态牌，

实现生态增绿。认真抓好国家绿化造林项目和生态建设工程，加强重点生态功能区宜林地造林、迹地更新造林，全面推行林长制，建立以党政领导负责制为核心的保护发展森林资源市、县、乡、村四级责任体系。

2. 综合治理农村环境，改善乡村人居环境

农村人居环境整治以"五大行动"为抓手，持续深入推进垃圾治理、污水治理、厕所改造、村容村貌提升、农业废弃物资源化利用。一是全域推行垃圾分类，扎实推进"垃圾革命"。二是科学处理农村污水，梯次推进"污水革命"。三是坚持"厕污共治"原则，平稳推进"厕所革命"。四是开展村庄清洁行动，创新推进"村貌革命"。五是深入推进农业废弃物综合利用。

3. 走可持续发展之路，合理利用农业资源

严守耕地保护红线，大力提升耕地质量。实施严格的耕地保护措施。严格落实耕地保护责任，实施耕地数量保护与质量提升行动。划定重点区域、部位和交通沿线永久基本农田范围，将基本农田永久保护责任明确到人、任务落实到地块。同时，着力提升耕地质量。提高土壤有机质含量，改善土壤结构，提高耕地基础地力。

4. 发展高效生态农业，加强农业污染治理

一是实施"化肥0增长"行动。大力推广绿色防控技术，加大测土配方施肥实施力度，集成推广一批水肥一体化、氮肥深施、肥料定制等高效施肥技术，扶持有机肥产业发展，减少化肥施用量。二是实施"农药减量控害"行动。积极推广病虫害绿色防控技术，大力推广高效低毒低残留农药，开展生物防治和生物农药应用试点。三是加大土壤污染防治力度。开展农用地土壤污染状况调查，

逐步扩大污染耕地治理与种植结构调整试点，开展受污染区域土地修复、轮作和休耕试点；探索物理防治、生物防治、化学防治等可复制、可推广的综合防治技术。

（三）"扶志＋扶智"，激发群众内生动力

乐山市以引导人民群众树立主体意识为抓手，坚持扶志、扶智相结合，聚焦人民群众的能力养成和自我发展潜力培养，深入实施信心提振、动力激发、智力帮扶、新风培育、典型示范、堡垒提升"六大行动"，变"输血"为"造血"，在解决物质贫困的同时着力解决精神贫困和素质贫困。

1.扶贫与扶志相结合，转变群众发展观念

用好精神帮扶系列成果，常态化开展"感恩奋进·我的脱贫路"主题活动，大力实施"劳动收入奖励计划"，建立贫困户"红黑双榜""负面清单"等奖勤罚懒机制，激发群众摆脱贫困的积极性和主动性，增强贫困群众自主发展意识和自主脱贫能力，提振致富奔小康的信心。实施就业帮扶行动计划，统筹整合各类培训资源，实施职业技能、农村实用技术等三大培训工程，拓宽转移输出渠道，促进就近就地就业，帮助贫困劳动力多渠道就业。

2.扶贫与扶智相融合，提升群众综合素质

一是紧抓知识教育，坚持"教育先行"。以"贫智双扶，穷愚双治"为思路，精准施策，探索出具有乐山特色的教育帮扶模式。抓义务教育，均衡发展有序推进；坚持实施"控辍保学"，严格落实"七长责任制"；实施"青少年教育促进计划"，提振贫困学生内生动力；深化"东西协作帮扶"，整合东西部教育资源，提升贫困地区教育质量。二是提供技术服务，创新发展思路。鼓励科技人才服务农村，大力引进农业技术、医疗卫生、文化教育、经营管理等专业人才，充实乡村振兴人才队伍。三是培育现代新型职业农民，加快建立职业农民制度。探索新型职业农民的教育培训、标准条件、身份认证、社会福利、养老保障等相关政策，推行农学结合、弹性学制培养方式，推动高素质农民培训与职业教育有效衔接。

(四) 深化农业农村改革，推进城乡融合发展

1. 深化农村改革，增强发展活力

以深化农村集体产权制度改革为突破口，全面推进农村集体资产资源"三权分配"，坚持农村改革与"三农"发展统筹推进。创新建立农村改革工作推进制度，着力做好"人才、土地、金融"三篇文章，加快构建城乡融合发展、要素双向合理流动的制度体系。创新农业农村投入方式，加快构建农村金融机构服务机制，建立乡村振兴贷款风险补偿金制度。

2. 紧扣"乡风文明"，发展乡村文化

开展"除陋习""树新风""育文化"三大行动。推进移风易俗，积极探索乡风文明管理机制和工作制度。建立农业文化遗产日常管理制度，保护和传承农村传统手工艺和生产技艺，实施"青衣江茶手工制作技艺"保护和传承项目，做好农村文化事业建设工作。

3. 推进乡村人才振兴，促进乡村善治

创新乡村发展人才保障机制。落实促进返乡下乡创业政策措施，实施优秀农民工回引培养工程。全面落实县域事业单位专业技术人才创新创业政策，支持事业单位专业技术人才按规定离岗创业。同时，坚持选好"带头人"、提升"组织力"、织密"监督网"、

办好"便民事",推进自治、法治、德治"三治融合"。

4. 坚持城乡统筹发展,完善城乡融合机制

一是完善统筹城乡的规划体制。探索县(市、区)域"多规合一"试点,划定生产空间、生活空间、生态空间,构建县(市、区)域空间保护和利用的有序格局。二是创新城乡基本公共服务均等化体制机制。开展统筹城乡的基本公共服务制度改革试点,扩大开放领域,创新供给模式。完善县(市、区)域城乡义务教育、卫生计生、社会保障等资源均衡配置机制。完善村级公益事业财政奖补机制,探索社会力量参与公共服务的有效方式。三是加快推进农业转移人口市民化。进一步深化户籍制度改革,全面放开落户限制,推行居住证制度,制定与户籍制度改革相适应的农业人口转移配套政策,实现农业转移人口同城市居民同等享受公共服务。

(五)抓实产业发展,助推乡村振兴

乐山市坚持绿色发展理念,以农业增效、农民增收、农村繁荣为目标,以种植业、养殖业、乡村旅游业、农产品加工业、乡村服务业为发展重点,以建基地、创品牌、搞加工、促融合为抓手,培育完善了现代农业产业体系,极大地推动了农村产业的融合发展。

1. 夯实产业发展基础

针对贫困地区农业发展基础薄弱的问题,乐山市持续优化基础设施条件,大力实施农田水利建设工程,强化农田水利设施配套,加大农机购置补贴政策扶持力度,大力推广符合贫困地区使用特点的农业机械,提升现代农机装备水平。

2. 发展优势特色产业

乐山市围绕"一区六带"农业产业布局,以现代农业园区建设为核心载体，深入贯彻全市建设现代农业"8+3"产业体系推进会议精神，将农业产业发展纳入全市现代农业"8+3"产业体系整体推进。坚持"区域、流域、全域"布局，大力发展特色优势产业，逐步完善特色优势产业发展格局，推动特色产业由点状、散状向带状、块状集聚，由非优势生产区域向优势生产区域集中，让产业发展快速融入区域优势农产品产业体系。

3. 促进产业融合发展

充分发挥峨眉山市嘉峨茶谷"以茶兴旅"、犍为县世界茉莉博览园"以花兴业"示范引领作用，加快推进农文旅融合发展，让农民更好分享农业全产业链增值收益。合理布局种养循环、科技研发、综合服务、休闲旅游等功能板块，突出"农业+旅游""农业+康养""农业+电商"，大力发展休闲观光农业、体验农业，推动生产地向观光地、产业园向体验园、农产品向纪念品"三个转变"。

4. 加强产业风险防范

构建农业产业风险防范调度机制，提升农业产业帮扶质量。强化培训指导和跟踪监测，以龙头企业、农民合作社、家庭农场等带贫新型农业经营主体为重点，从技术援助、市场服务、金融风险化解等方面，逐步完善风险防范措施，不断提升贫困地区防范农业产业风险能力。

（六）改善农村人居环境，建设美丽宜居乡村

乐山市以实施乡村振兴战略为抓手，坚持政府主导、村民主体的原则，突出"补短板、强弱项、抓重点"，持续推进农村人居环境整治"五大行动"，全面完成农村人居环境整治"三年行动"目标任务，为乡村居民提供美丽宜居环境。

1. 推进"厕污共治"

加快推进农村"厕所革命"。乐山市合理选择改厕模式,因地制宜推广"厕污共治",有序开展农村户用卫生厕所改造工作。持续推进集镇、市场、行政村、乡村旅游公厕建设,健全完善管护制度,确保项目设施达到相关建设管理标准。

2. 实施梯次推进

有序推进农村"污水革命"。乐山市积极探索污水治理技术模式,采取建设单户或多户三格化粪池、微动力一体化处理设施、接入城镇污水管网等方式,强力推进农村污水处理设施建设,全面实施农村"千村示范"工程,梯次提高农村生活污水处理能力。

3. 推行全域分类

持续深化"垃圾革命"。乐山市充分完善农村垃圾收转运处置体系,补齐农村垃圾收转运设施短板,完成农村非正规垃圾点整治,全域推广农村生活垃圾分类收集处理,全面落实农村常态化保洁制度。

4. 开展村庄清洁行动

创新推进"村貌革命"。在"三清两改一提升"基础上,创新开展农村"四清四拆",要求各区(县)建立"清拆"清单,压实"清拆"责任,完善"清拆"机制,开展"清拆"攻坚。

5. 坚持生产与生态并重

有序推进畜禽养殖废弃物资源化利用工作。严格控制化肥和农药使用量,大力发展种养循环农业,推广农牧结合生态治理模式。深入推进养殖、调运、屠宰环节的病死畜禽无害化处理监管。

（七）移风易俗除"穷根"，自立自强奔小康

乐山市将移风易俗工作作为打赢脱贫攻坚战、实现乡村振兴的重要抓手，总结出了移风易俗"三纲"统全局、"三法"破难题、"三载体育新风"的经验做法，打响了一场声势浩大的精神攻坚战，提高了干部群众的文明素质，有效扭转了"双高"反弹、卫生较差、大操大办等不良风气。

1. 抓宣传教育，营造良好氛围

针对彝区"高价彩礼、炫富攀比、铺张浪费"等不良风气和部分贫困户存在的"等、靠、要"消极思想，乐山市组建"革除陈风陋习、助力脱贫攻坚"主题宣讲团，深入区县、乡镇、社区等基层单位，采取群众喜闻乐见的语言和方式进行宣讲，营造告别陋习、树立新风的氛围。

2. 抓传统文化，增强文化自信

编写《小凉山彝族刺绣》《小凉山彝族古风》《彝族习惯法》等书籍，出版长篇叙事诗《甘嫫阿妞》等数十部文学作品，为彝区群众提供精神食粮。

3. 抓制度建设，加强规范引导

出台《关于加强民族工作加快推进少数民族和民族地区小康社会建设的意见》，下发《关于在彝区开展健康文明新生活活动指导意见》，推动彝区健康文明新生活活动全面深入持久开展。

（八）创新"集中供养+居家救助"，织牢社会保障网

乐山市紧紧聚焦精准脱贫、聚焦特殊群体、聚焦群众关切，精准工作举措，切实发挥社会救助"兜底线、救急难"作用，及时将

符合条件的困难群众纳入低保、特困供养或临时救助范围。同时持续加强监测预警力度，加大对返贫致贫风险较高的已脱贫人口、建档立卡边缘人口等群体的排查走访力度，及时跟进救助，确保兜底保障不漏"一户一人"，切实兜牢社会保障民生底线。

1. 困难群众"应救尽救"

扎实做好农村低保政策与国家帮扶政策的有效衔接，将建档立卡户中完全或部分丧失劳动能力且无法依靠产业就业帮扶脱贫的贫困人口以及建档立卡边缘户、监测户纳入低保保障。

2. 困残重残"应助尽助"

严格落实困残生活补贴和重残护理补贴政策，做到管理规范、对象精准。

3. 创新实施"集中供养＋居家救助"

为破解"瓶颈"、补齐"短板"，乐山市聚焦脱贫攻坚，充分发挥社会救助工作的职能作用，积极探索创新，走出了一条"集中供养＋居家救助"的帮扶新路径。"集中供养＋居家救助"是以投亲靠友、邻里互助、购买服务等方式针对建档立卡贫困人口中特殊群体实施居家救助帮扶或送到社会福利机构实施集中救助帮扶，政府给予生活费和护理费补贴的救助帮扶工作机制，使有劳动力的家庭成员能解脱出来创收脱贫。

三、乐山市实施乡村建设行动的总体成效

（一）脱贫攻坚成果有效巩固

乐山市聚焦"稳定脱贫"，严防风险变量，保持帮扶政策总体稳定，推动脱贫成效排查核实工作全覆盖，易地搬迁后续扶持和社

区治理工作稳步推进，扶贫项目资产管理和监督进一步加强。持续落实教育医疗、产业发展、技能培训、低保兜底等帮扶政策，完成对6.3万脱贫户基本医疗保险的购买、4.3万名脱贫户在校生子女的入学保障以及对7.8万脱贫低保人口补助的延续，有效巩固了"看得起病""上得起学"的脱贫成果。树牢底线思维，充分利用防致贫返贫风险基金，因户施策，对动态识别出的边缘户和脱贫不稳定户，全部落实安全住房、低保、教育救助等帮扶措施，全面消除新的脱贫户监测户用水安全隐患及其他风险隐患，有效守住了不发生规模性返贫致贫底线。强化后续支持，持续加大帮扶投资力度，制定实施《关于推进易地扶贫搬迁集中安置点后续治理工作方案》，基本实现易地扶贫搬迁集中安置点党组织和治理工作全覆盖，充分发挥东西部协作、"百企帮百村"等技能培训和劳务输出平台作用，确保"十三五"期间易地扶贫搬迁户11253户41958人均享受到产业、就业及配套设施建设等后续帮扶措施，完成搬迁群众稳得住、有就业、逐步能致富的阶段性目标。统筹行业扶贫资产，定期确权，明确后续管护责任，对标补短，完成对2014年以来扶贫资产的全面清理工作，最大化发挥资产效益，确保脱贫成果经受住检验，夯实乡村振兴基础。

（二）农业现代化水平全面升级

乐山市因地制宜，分类指导，创新建设现代农业"8+3"产业体系，推动农业一二三产业融合发展，农业产业促农增收成效明显，农业基础设施不断改善，农业产业化经营成效显著，农产品初加工率达60%。围绕"农业+"模式，聚焦"三个转变"，合理布局现代园区，种养循环、科技研发、综合服务、休闲旅游等功能板块一体化发展，农业产业效能不断增强。充分发挥龙头带动效应和平台作用,初步构建起独具乐山特色的国家、省、市、县四级联动、梯次发展的现代农业园区体系,创造性推进国家、省市级农村产业示范点建立。探索"网络平台+农户""专业合作社+散户"等长效机制,有效延伸农产品销售半径,特色农业产业蓬勃发展,初步实现农业产业发展的提质升级,农业现代化水平步伐加快。

(三)城乡发展面貌整体改善

公共基础设施建设重心调整至乡村,坚持打造宜居乡村和美丽乡村,城乡统筹,项目先行,规划建设和管护机制两手并重,聚焦"一房二路三水",持续保障群众安全住房、生活用水以及网络通信质量,深入美化乡村人居环境。制定执行"1+6+N"乡村振兴发展规划,实施"四大革命"和基础补短工程,开展"四清三改两化一提升"全域美化,农村无害化卫生厕所普及率达60%、卫生厕所普及率达95%,64.1%的行政村实现生活污水治理,生活垃圾收运处理覆盖率100%。路入户、水到家、电稳定、网覆盖成为群众生产生活新标配,自然村通硬化路率100%、自来水普及率89.45%、村庄主干道照明设施覆盖率71.63%,村通4G网络比例达99.58%。县乡公路、村组道路、联户路、产业路连通城乡发展,文化体育广场、村级养老设施、农家书屋、村标准化卫生室、村级便民综合服务设施逐步覆盖各村,乡村基础设施和公共服务条件得到明显提升,打造出国家森林乡村、全省乡村旅游重点村、"全国少数民族特色村寨"等美丽村落,小凉山彝区更是实现"一步跨千年"。

(四)乡风文明建设显著增强

坚持物质脱贫和精神脱贫"双同步",扶志扶智"两结合",实施思想先导工程和社会治理工程,加强示范创建、加快新风培育,以文明村镇建设为契机，深入开展乡风文明建设主题活动，在少数民族地区持续推进移风易俗，树立文明新风尚。创设和推进"五星级文明户"，实现了以户带村、以村带镇的有效联动，充分发挥文明村镇的示范效应。盘活脱贫攻坚创新打造出的"鸽鸽讲堂、农民夜校、身边好人榜"三大阵地，常态化开展"感恩奋进·我的脱贫路"巡回宣讲，成立"彝汉双语未成年人检察工作室"，产出全国文明村镇、"全国基层理论宣讲先进个人""全国十大法治人物"等先锋力量，勤奋做事、勤勉为人、勤劳致富的观念蔚然成风。村级普遍设立道德理事会、红白理事会等自治组织，发挥乡贤作用和乡村优良民俗功能，乡风文明较大改善。

（五）乡村治理能力有序提升

始终坚持党建引领乡村振兴，充分发挥基层党组织战斗堡垒作用，强化班子工作带动和村级事务自治。根据乡镇行政区划和村级建制调整改革，优化合并村帮扶力量，组建"最强支部"、构建"最强联盟"，创新实施"五定"工作法和全域结对工作模式，改革现代乡村治理制度，推行"党员星级积分管理""党员联户""荣誉村民"三项制度，创新实施"幸福积分＋负面清单"自治管理模式，不断健全自治、法治、德治相结合的乡村治理体系，稳步推进"支部引路、党员带路、产业铺路"，做大做强一村一品，全面激发党群干劲，提升基层组织的治理水平。1镇3村入选第二批全国乡村治理示范村镇，5个镇、26个村纳入省级乡村治理试点示范，15个乡镇、70个村确定为市级乡村治理示范村镇，打造出基层治理的"乐山样板"。

四、乐山市乡村建设行动的特色经验

（一）注重抓实责任链条，市县同步补短补强

乐山市在乡村建设行动中精准对标中央和四川省要求，适时转换工作思路，准确标注市级定位，充分发挥市级作用，广泛集聚市域力量，全方位加强对市域乡村建设工作的组织领导、科学谋划、统筹调度和考评监督，形成了市县联动、责任不减的乡村振兴工作体系。如制定《乐山市脱贫村驻村帮扶力量集中轮换工作方案》，按照中央和省定向指派、市级统筹选派、县级兜底派驻的方式，精准定人定责定策，夯实驻村帮扶力量，应派尽派、选强补弱，全力保持原有帮扶关系相对稳定，打造一支带不走的工作队，确保帮扶措施、项目、资金的延续性。

（二）注重加强监测预警，防治并举保质保量

乐山市严格执行"五定"工作法，以早发现、早干预、早帮扶为目标，抓好临贫边缘、特殊群体、突发事件导致的困难群体三类特殊人群，用足扶持政策、用好行业资源、用活基金保障，确保了无一户返贫致贫人员。通过对低收入人口采取低保兜底、"居家救助+集中供养"、特困供养、残疾人补助等综合帮扶措施，分层分类实施专项救助，压实监测帮扶责任，杜绝漏管失帮，形成了从问题发现到风险消除的"社会保障网"。

（三）注重强化收入保障，产就结合增收增效

乐山市在乡村建设行动中立足促农增收目标，发挥特色产业优势和就业平台资源，支持农业品种培优、品质提升、品牌打造，壮大产业带动长效发展，稳住就业拓宽增收路径，促进返乡在乡脱贫

劳动力发展产业和就业增收。围绕"一县一园"目标，聚焦八大优势特色产业，加快建设现代农业园区，做好省级现代农业园区创建工作，变"输血"为"造血"，注重脱贫人口长远发展能力提升。

（四）注重优化资源配置，农旅融合宜居宜业

乐山市在乡村建设行动中创新推动文旅融合发展，立足资源禀赋，找准"生态观光、农旅深度融合"发展定位，坚持因地制宜，培育特色产业，发展乡村旅游，以农旅融合带动乡村发展。

（五）注重提高治理效能，党群联动创新创优

乐山市在乡村建设行动中坚持把加强乡村治理模式创新和制度建设作为乡村振兴的重要内容，以实施改革攻坚、示范创建、品牌建设"三大行动"为牵引，创新乡村治理抓手，探索各类组织参加乡村治理有效方式，大力推动治理体系优化、治理改革深化、治理服务提升、治理队伍培育、治理示范引领、治理效能评价"六大行动"，积极构建党组织领导的自治、法治、德治相结合的乡村治理体系，形成了以点带面、整体提升的工作局面。

五、推进乐山市乡村建设行动的政策建议

党中央作出实施乡村建设行动、全面推进乡村振兴的战略决策，让乐山迎来了创新发展的机遇期、绿色发展的黄金期。但机遇与挑战并存，乐山市在实施乡村建设行动过程中仍然存在不少问题和挑战，主要表现为农业发展基础不稳、产业升级遭遇瓶颈、基础设施建设存在短板、人才队伍建设面临困难、公共服务水平亟待提升、群众内生动力仍需激发等。

为更好地推进脱贫攻坚与乡村振兴的有效衔接，早日实现农业

农村现代化的乡村振兴战略总目标,特提出以下政策建议。

(一)加强乡村"场镇"建设,推动城乡融合发展

乐山应持续做好规划引领工作,坚持"一张蓝图绘到底",有序推进市县乡镇级乡村振兴规划编制工作。考虑不同村庄资源禀赋与类型,抓紧编制"多规合一"的实用性村庄规划,分类分层探索因地制宜的乡村建设行动,各美其美地推动市域内乡村振兴。

深化场镇提升工程,持续推动小城镇道路优化改造、停车场建设、街容街貌整治、老城区改造,补齐乡镇场镇基础设施短板。将小城镇视为城乡融合发展的关键节点,推动制定以小城镇带动周边村庄发展的整体规划建设方案,建设一批以城带乡的示范城镇,探索新型城镇化和乡村振兴战略"双轮驱动"的乐山经验。

(二)加强基础设施建设,推动乡村产业振兴

实施乡村建设行动,需要加强基础设施建设。一是要强化乡村水、电、路、气、通信、广播电视、物流等基础设施建设,推动乡村经济数字化、信息化发展转型。二是加强高质量基本农田建设,持续加快农村基础设施建设提档升级,加大新型基础农田水利、机耕道、仓储冷库等基础设施建设力度,确保粮食安全。三是紧抓农村人居环境整治,围绕农村厕所革命、房屋改造、污水处理及排污改造等几大任务,促进村容村貌整体改善,推进美丽乡村建设。

实施乡村建设行动,需要加强产业建设,夯实产业基础。一是要高度重视粮食安全,强化高质量基本农田建设。二是要加快建设高质量产业园区,以园区带动地区农业产业发展、延伸产业链条。三是要完善产业发展的利益联结机制,使产业发展的效益进一步惠及更多农户。四是要强化农业资金支持,建立健全县级、乡镇级乡

村振兴投资融资平台，吸纳社会资金并盘活乡村资产。

（三）强化乡村服务供给，推动公共服务均等化

一是要更加注重普惠性、兜底性及基础性民生建设，推动城乡居民基本医疗、养老、最低生活保障等制度的城乡并轨，促进城乡公共服务均等化。二是要建立城乡公共资源均衡配置机制与交流机制，加快形成县域统筹规划，县乡村功能衔接互补的公共服务体系，推动城乡公共服务均等化配置，促进城乡公共资源交流共享。三是要加强农业社会化服务改革。重视面向小农户的农业社会化服务体系及政策性农业保险体系建设，健全覆盖农业生产全过程、综合配套、高效便捷的农业社会化服务体系，增强小农户生产生活的风险抵抗能力。

（四）深化农业农村改革，推动集体经济发展

一是要深化农村集体产权制度改革。深入推进农村集体经济与农村合作社改革，明确集体资产归属，稳定农户承包权，放活土地经营权。二是要创新农村集体所有制实现形式。强化农村集体经济及新型经营主体联农带农机制，推动农村资源变资产、资金变股金、农民变股东。三是要健全新型农业经营体系，处理好规模经营与小农经营之间的关系。

（五）深化乡村治理改革，推动乡村组织振兴

一是要深化基层党建改革创新，提高农民政治组织化水平。深入推广"四议两公开"等民主决策方式，引导农民参与村庄公共事务。二是要推进乡风文明建设，提高农民文化组织化程度。三是要振兴村域经济，提高农民经济组织化程度。四是要发挥农民在乡

建设行动中的主体作用,调动农民主体意识,让农民在自我教育、自我改造、自我发展的过程中建设美丽乡村。

(六)加强人才队伍建设,推动乡村人才振兴

一是要加强农民培训,提高农民科学文化素养,充分发挥农民乡村建设主体性,就地培育新型职业农民与各类专业人才。二是要持续破除资源要素与人才下乡障碍,持续出台鼓励引导返乡人才创业的相关政策,促进"归巢经济"发展。三是要形成乡村建设合力,在各级党委及政府领导下,协调好民营企业、社会组织、志愿者等社会力量,合力打造共建共治共享的乡村社会治理新格局。